D1874688

1781

Roman Herzog

Wahrheit und Klarheit

Reden zur deutschen Geschichte

Herausgegeben von
Manfred Bissinger

Hoffmann und Campe

Die Deutsche Bibliothek – CIP-Einheitsaufnahme
Herzog, Roman:
Wahrheit und Klarheit : Reden zur deutschen Geschichte /
Roman Herzog. Hrsg. von Manfred Bissinger.
– 1. Aufl. – Hamburg : Hoffmann und Campe, 1995
ISBN 3-455-11109-2
NE: Bissinger, Manfred [Hrsg.]

Copyright für diese Ausgabe © 1995 by
Hoffmann und Campe Verlag, Hamburg
Schutzumschlag: Lo Breier/Kai Eichenauer unter Verwendung
eines Fotos von J. H. Darchinger
Satz: Utesch Satztechnik GmbH, Hamburg
Druck und Bindung: Ebner, Ulm
Printed in Germany

Inhalt

Vorwort

Wenn dieses Buch erscheint, ist Roman Herzog ein Jahr im Amt. Die Aufgeregtheiten seiner Wahl sind vergessen, abgelegt in den Archiven. Die politischen Lager, in die sich die Bundesrepublik Deutschland neuerdings wieder einteilen läßt, haben nur zu gerne ihren Frieden mit diesem Bundespräsidenten geschlossen. Hat er sich doch in kürzester Zeit nicht nur bei den Politikern, sondern vor allem bei den Bürgern Respekt verschaffen können.

Wer Roman Herzog schon aus der Zeit vor seiner Wahl genauer kannte, wußte, wie unbeirrbar und unbeugsam, wie unbestechlich und unbequem der Einser-Jurist sein konnte, der es so scheinbar mühelos bis zum obersten Verfassungsrichter gebracht hatte. Dem waren seine Stationen auf dem konfliktreichen Weg vom Assistenten zum Uni-Rektor, vom Staatssekretär zum Minister geläufig, der hatte seine Karlsruher Urteile nachgelesen, die den *mainstream* deutscher Parteilichkeit ebenso souverän mißachteten, wie mit ihnen Rechts- und Politikgeschichte der alten und der neuen Bundesrepublik geschrieben wurde. Der ahnte, daß er sich weder in eine Schublade packen ließe, noch daß ihm irgendeine öffentliche Schablone übergestülpt werden könnte.

Roman Herzog war Zeit seines Lebens ein Konservativer, aber – und das widerspricht sich in seinem Fall nicht – immer auch ein liberaler, ein offener Bürger. Ihn interessierte zu allererst die Lösung von Problemen und nicht so sehr die Durchsetzung von Programmen, die andere aufgestellt haben. Insoweit war er auch für die CDU, der er seit 1970 angehört, eine ungewohnte Persönlichkeit, durchaus nicht bei allen Mandatsträgern gleich beliebt. Seine höchstrichterlichen Festlegungen zum Recht auf Demonstrationsfreiheit oder zur Blockade von Kasernen machten Schlagzeilen, seine Urteile zur Enteignung von Grundstücken auf dem Gebiet der DDR oder die Bestandsgarantie für den öffentlich-rechtlichen Rundfunk sind Beispiele für die politische Unabhängigkeit des in Landshut/Niederbayern Geborenen. Zu seinen Eigenheiten zählt, was in unserem öffentlichen Leben ganz und gar nicht selbstverständlich ist: Er hört zu, bevor er sein Urteil fällt. Daß einem solchen Mann auch Fehler unterlaufen, versteht sich von alleine. Herzog gibt auch das nur allzu gerne zu. Er ist selbst seinen Schwächen gegenüber gelassen.

Über die Macht des Bundespräsidenten ist viel

geschrieben worden. Das Grundgesetz regelt seine Rechte und Pflichten, aktive Politik machen kann er im Prinzip nur dann, wenn es im Parlament keine Kanzlermehrheit gibt. Selbst sein repräsentativer Einfluß ist genau definiert; es liegt an der jeweiligen Persönlichkeit, ob und was von der Villa Hammerschmidt in Bonn und dem Schloß Bellevue in Berlin, den beiden Präsidenten-Amtssitzen, ausgeht. Die Nachkriegszeit hat starke Bundeskanzler erlebt, Adenauer und Brandt waren solche, Kohl ist einer, aber auch starke Präsidenten hervorgebracht; Theodor Heuss, Richard von Weizsäcker und jetzt Roman Herzog.

Im ersten Amtsjahr hat er seinem Lebensmotto von der »Wahrheit und Klarheit« alle Ehre gemacht. Dabei neigt er weder zu voreiligen Schlüssen noch zu extremen Positionen. Seine konservative Grundhaltung spiegelt die Zeit, in der wir leben, ohne opportunistisch zu sein. Er war nie Ideologe, stets offen für neue Ideen und politische Veränderungen. In der ihm eigenen Nüchternheit sagt er: »Ich möchte vor allem unser politisches System erhalten.« Und wenn er sich selbst erklären soll, meint er kurz und bündig: »Das Adjektiv ›aufgeklärt‹ höre ich sehr gerne, denn es bedeutet für mich Denken ohne Tabus.«

Wen wundert da, wenn sein Stil auch Zeitungen, die vor seiner Wahl eher reserviert und skeptisch waren, inzwischen auf seine Linie einschwenken ließ.

In der *Zeit* notierte Nina Grunenberg: »Die zahlreichen Reden, die er als Bundespräsident gehalten hat, decken ein breites Spektrum ab und spiegeln seinen Glauben an die ›Macht der Argumente‹. Seine Einreden sind ... ein Plädoyer für Vernunft, Augenmaß und Gerechtigkeit.« In der *Süddeutschen Zeitung* befand Heribert Prantl: »Gerade weil er seine Bodenständigkeit nicht leugnet, seine lutherisch kräftige Sprache nicht poliert und weil er seiner unstaatsmännischen Umgänglichkeit keinen Zwang antut – gerade deshalb beginnen auch Kritiker von gestern, seinen Stil zu akzeptieren: Man spürt, daß sich da einer nicht anders gibt, als er ist ... Herzog hat schnell und sicher Tritt gefaßt, seine Reden sind jedem nationalistischen Geklüngel fern.«

Dabei hat sich Roman Herzog als Präsident auf vielerlei Weise Ansehen verschafft. Er ist schon in seinem ersten Amtsjahr weit über 100 000 Kilometer gereist, er war in Albanien wie in Vorpommern, in Usbekistan wie in Hamburg, in Israel wie in Leipzig, in Dänemark wie im Ruhrgebiet, in Tschechien wie in seiner niederbayerischen Heimat. Er hat bald 100 ausländische Staats- und Regierungschefs davon zu überzeugen versucht, daß von dem wiedervereinten Deutschland keine Gefahr ausgeht.

Vor allem aber hat er große Reden gehalten und mit ihnen in schwierigen Zeiten unwiderrufliche Akzente gesetzt. Getreu der Bibel-Paraphrase von Heinrich Heine: »Die Welt ist die Signatur des Wortes.« Wenn man dazu nimmt, daß Reden Verständigung über die Wirklichkeit ist, dann weiß man, was Roman Herzogs Rhetorik bestimmt.

Die »Wahrheit und Klarheit« seiner ersten zwölf Präsidenten-Monate gehörte der Geschichte und deren Folgen für die Gegenwart, wie dieses Buch dokumentiert. Thema ist die jüngere deutsche Vergangenheit, denn 1995 jährte sich zum 50. Mal der Untergang des Dritten Reiches. Was damals geschah, wie es dazu gekommen ist und daß wir auch heute noch daran zu lernen haben, das hat den Bundespräsidenten vom ersten Tag an im Amt beschäftigt, er hat dazu Position bezogen in Warschau und in Bergen-Belsen, in Dresden und in Jerusalem, in Bonn, in Berlin und in Weimar. Nur in Auschwitz hat er geschwiegen und damit mehr bewirkt, als hundert Ansprachen vermocht hätten. Arieh Ben-Tow, einer der Überlebenden des Konzentrationslagers, beschreibt es so: »Die Teilnahme Herzogs an der jüdischen Gedenkstunde in Auschwitz-Birkenau war die wichtigste Geste eines deutschen Staatsmannes, seit ich Willy Brandt vor dem Warschauer Ghettodenkmal knien sah.«

Warum dem Bundespräsidenten gerade die Erinnerung und Aufarbeitung der deutschen Nazi-Verbrechen so wichtig ist, hat er in einem Gespräch mit der Wochenzeitung *Die Woche* deutlich gemacht: »Wir erleben den großen Wechsel zwischen der Generation der Zeitzeugen – der Täter und der Opfer

– und der Generation der Nachgeborenen, der Enkel … Deshalb ist es eine der großen Aufgaben, die mich ständig beschäftigt, die historischen Tatsachen so im Gedächtnis der beteiligten Völker zu halten, daß daraus gelernt werden kann. Das setzt allerdings da und dort eine neue Art zu reden voraus.«

Roman Herzogs Reden sind schnörkellos, der Jurist meidet Gefühle und fürchtet Pathos, er möchte so sprechen, wie die meisten Bürger untereinander es auch tun: »Ich möchte es mit Kurt Tucholsky halten: Hauptsätze, Hauptsätze, Hauptsätze.« Er will nicht verwirren, vermeidet jede Schwammigkeit und schwebt nicht über den intellektuellen Verhältnissen seiner Zuhörer. Auch am Politikerritual des Austausches von Formeln mag er sich nicht beteiligen. Hintereinader gelesen können seine Reden ein eigenes Kapitel im deutschen Nachkriegs-Geschichtsbuch füllen.

Im schon zitierten *Woche*-Gespräch meinte Herzog: »Das Ansprechen der Wahrheit und die Schaffung von Klarheit könnten zumindest bei den Bürgern, die den Mangel ja spüren, den Eindruck beseitigen, daß ›die da oben‹ die Probleme der Menschen gar nicht mehr erkennen … ein Problem wird oft nur noch als halb so schwer empfunden, wenn es angesprochen ist.«

Auch deshalb trägt dieses Buch den Titel: »Wahrheit und Klarheit«.

Hamburg, im Juni 1995 *Manfred Bissinger*

1. Das Einende betonen

Wahl zum Bundespräsidenten am 23. Mai 1994 in Berlin

Es ist eine bewegende Stunde für mich. Es ist in den letzten Tagen immer wieder daran erinnert worden, wie sich die letzte Bundespräsidentenwahl, die hier in Berlin im Reichstag stattgefunden hat, im März 1969 abgespielt hat.

Vielleicht wissen es viele von Ihnen nicht. In dieser Zeit waren meine Frau und ich Bürger von West-Berlin. Wir haben miterlebt, wie damals die Regierung der DDR – für einige Stunden wenigstens, aber niemand wußte, wie lange es dauern würde – die Zufahrtswege zu Lande abgesperrt hat. Wir haben es nie für möglich gehalten, daß eine solche Stunde wie diese noch zu unseren Lebzeiten möglich sein würde. Es ist ein Wunder, das wir erleben, und wir sind Ihnen allen – vor allem ich –, Ihnen allen, denen, die mich jetzt gewählt haben, und denen, die mich nicht wählen konnten, herzlich dafür dankbar, daß das möglich geworden ist. Ich sage es bewußt auch an diejenigen, die mir ihre Stimme aus guten Gründen nicht geben konnten. Ich werde mich bemühen, das Amt so zu führen, daß sie es am Ende bereuen, mich nicht gewählt zu haben.

Lassen Sie mich ein Wort an meine Mitbewerber richten. Wir sind über viele Monate viel in unserem Kreis gewesen; wir haben immer wieder untereinander Kontakte gehabt. Es war ein gutes Verhältnis. Ich will nicht behaupten, daß ich die Mehrheit nicht hätte bekommen wollen, aber ich hätte sie jedem von den drei anderen gegönnt. Das ist jetzt keine Attitüde; das meine ich wirklich so. Ich bedanke mich auch für die Art, wie wir in den letzten Monaten miteinander umgehen konnten. Ich glaube schon, das war ein gutes Stück Demokratie, wie wir es vorgemacht haben. Es ist nie verkehrt, wenn das in einem Staat wie unserem so läuft. Meinen herzlichen Dank, meinen Respekt für Sie alle.

Ich werde alles daransetzen – obwohl das nur eine Formel ist, wie Sie wissen –, der Bundespräsident aller Deutschen zu sein.

Es gibt in unserem Staat, es gibt in unserer Gesellschaft viele Grenzen, die zwischen uns hindurchgehen, Grenzen der Überzeugung, Grenzen der Landsmannschaft, Grenzen der historischen Erfahrung, Grenzen auch des ökonomischen Interesses. Aber es gibt unendlich viel, was uns allen gemeinsam ist, was in dem Streit der Parteien, in dem Streit der großen Verbände so nicht immer deutlich wird, was aber deutlich sein muß, damit dieser Staat und diese freiheitliche Gesellschaft fortexistieren und handlungsfähig sein können. Ich werde alles daransetzen, dieses Einende, das, was uns alle in diesem Saale hier und die von uns Vertretenen einig macht, zu betonen.

Unser Weg in die Zukunft ist unsicherer, als er es noch vor fünf oder zehn Jahren war. Die Zukunft, in die wir hineingehen, ist schwierig; sie ist nicht ohne weiteres mehr kalkulierbar, so wie das einige Jahrzehnte in der Vergangenheit war. Aber wir Deutschen haben die Kraft, wir Europäer haben die Kraft, diesen Weg zu finden und diesen Weg dann auch zu gehen. Daran sollten wir nie zweifeln, und das sollten wir auch nie verschweigen. Es gehört zu unserem Leben dazu. Hätten wir diese Hoffnung nicht mehr, dann könnten wir den Weg, der vor uns liegt, auch nicht gehen.

Das sage ich insbesondere in die Irritationen hinein, die sich heute aus den Schwierigkeiten im Gefolge der deutschen Wiedervereinigung ergeben. Ich sage es den Bürgern der früheren Bundesrepublik, die jetzt viele Opfer bringen müssen. Meine Damen und Herren, ich kann es Ihnen nicht ersparen, immer wieder zu sagen: Das ist der Ausgleich für eine Ungerechtigkeit der Weltgeschichte, die durch Zufall an die Elbgrenze gelegt worden ist.

Diesseits und jenseits der alten Mauer haben Deutsche gelebt. Diesseits und jenseits der alten Mauer haben fleißige, phantasievolle, kreative

Menschen gelebt. Die einen sind schneller vorangekommen, die anderen nicht. Die einen sind deswegen vorangekommen, weil ihnen die Amerikaner geholfen haben, die wir in dieser Stunde nicht vergessen wollen, und weil sie ein politisches System hatten, das die Früchte ihres Fleißes gefördert, nicht immer wieder zunichte gemacht und gehindert hat. Das ist eine Ungerechtigkeit der Geschichte gewesen. Diejenigen, die im Rahmen dieser Ungerechtigkeit bevorzugt waren, haben die moralische Pflicht, jetzt den Ausgleich zu schaffen. Ich sage den Menschen in den neuen Bundesländern: Sie müssen begreifen, daß Sie für uns keine Last, sondern daß Sie für uns ein Gewinn sind. Sie bringen unendlich viel an Erfahrungen ein, die wir im Westen nicht hatten, in einer ganz anderen Welt, in der vieles auch humaner als bei uns gewesen ist, in der vieles ganz anders war. Sie bringen Erfahrungen aus Ihrem beruflichen Bereich ein. Da liegen Schätze brach, die wieder gehoben werden müssen und auf die sich diese Menschen stützen und verlassen können. Wir müssen froh sein – ich bin froh –, daß sie wieder bei uns sind.

Ich will Deutschland in den nächsten fünf Jahren so repräsentieren, wie dieses Deutschland wirklich ist: friedliebend, freiheitsliebend, leistungsstark, um Gerechtigkeit zumindest bemüht, zur Solidarität bereit, tolerant, weltoffen und – was mir fast das Wichtigste erscheint – unverkrampft. Wir Deutschen waren nicht immer unverkrampft; das wird man nicht behaupten können. Wir haben es einigermaßen geschafft, die Verkrampfung der späten Nation abzulegen. Meine größte Sorge ist heute, daß das wieder eintreten könnte. Dem müssen wir – vielleicht auch durch manche Eleganz in der Formulierung, durch manches lockere Wort – entgegenwirken. Dieses Deutschland muß in der Welt seine Rolle spielen, aber unverkrampft und ohne gefletschte Zähne. Das ist das Allerwichtigste, was wir in diese nächsten Jahrzehnte hineinbringen müssen.

So wie ich mit einer persönlichen Reminiszenz begonnen habe, will ich auch mit einer persönlichen Reminiszenz zum Ende kommen: Ich habe vor fast 30 Jahren in dieser Stadt, in West-Berlin, wie es damals hieß, meine berufliche Laufbahn begonnen. Ich bin dann 25 Jahre unterwegs gewesen. Jetzt hat mich Ihr Votum wieder in diese Stadt, die zu lieben ich nie aufgehört habe, zurückgeholt. Ich bedanke mich bei Ihnen. – Berlin, ich bin wieder hier!

2. Die deutsche Nation

Amtsantritt am 5. Juli 1994 in Bonn

Vor allem möchte ich mich bei Ihnen, Frau Präsidentin des Deutschen Bundestages, und bei Ihnen, Herr Bundespräsident von Weizsäcker, aufs herzlichste für die guten Wünsche bedanken, die Sie mir soeben ausgesprochen haben.

In Stunden wie dieser wendet sich der Blick fast automatisch zurück, vor allem natürlich auf die Gestalten der bisherigen Bundespräsidenten, die alle, jeder auf seine Weise, unserem Staat in eindrucksvoller Weise gedient und dem Amt des Bundespräsidenten ihren jeweils ganz besonderen Charakter aufgeprägt haben: Theodor Heuss, Heinrich Lübke, Gustav Heinemann, Walter Scheel, Karl Carstens, Richard von Weizsäcker.

Ich will nicht alle diese Männer vor dieser hohen Versammlung zu würdigen versuchen. Ihnen aber, verehrter Herr von Weizsäcker, gilt mein ganz besonderer Dank und mein Respekt, und man kann es in diesen Tagen ja mit Händen greifen: Es ist der Dank und der Respekt aller Deutschen, der sich mit dem meinen verbindet und den ich – gewissermaßen erstmals in meiner neuen Funktion – nur brennglasartig zusammenzufassen und auszudrükken brauche.

Zehn Jahre lang haben Sie das Amt des Bundespräsidenten – zusammen mit Ihrer Frau, die ich in diese Danksagung gleich mit einbeziehen möchte – in bewunderungswürdiger und unnachahmlicher Weise geführt. Sie haben zuerst die alte Bundesrepublik und sodann das wiedervereinigte Deutschland in der Welt so repräsentiert, wie es heute ist und wie es repräsentiert zu werden verdient. Sie haben den Deutschen in Ost und West Weg und Richtung gewiesen, Sie sind Vorbild für viele gewesen, und Sie sind nicht müde geworden, dort, wo es Ihnen nötig erschien, auch deutliche Kritik zu üben und zu mahnen. Das ist Aufgabe und Recht jedes guten Bundespräsidenten, und Sie sind beidem in wahrhaft glanzvoller Weise gerecht geworden. Herzlichen Dank dafür!

Der Bundespräsident hat keine Regierungserklärungen abzugeben, am allerwenigsten am Tage seines Amtsantritts. Er braucht nicht alle Probleme zu erwähnen, die im Augenblick seines Amtsantritts vorhanden sind, und er braucht sie auch nicht gleich noch einer Lösung zuzuführen. Aus der Tatsache, daß er das eine oder andere Problem, die eine oder andere Institution nicht erwähnt, darf noch weniger als bei einer Regierungserklärung geschlossen werden, daß er damit nicht vertraut sei oder dazu vielleicht nicht einmal etwas zu sagen habe. Ich sage das gleich zu Anfang meiner Rede, um Mißverständnissen vorzubeugen. Und ich meine es auch nicht böse, es geht eben nicht alles in einer guten halben Stunde.

Aber unser Volk und Sie vor allem, meine Damen und Herren des Deutschen Bundestages und des Bundesrates, haben ein Recht darauf, zu erfahren, wie ich in den entscheidenden Fragen unserer Zeit denke und welche Grundsätze ich daher meiner Arbeit zugrunde zu legen beabsichtige.

Ich will mit der Außenpolitik beginnen, mit der Stellung des wiedervereinigten Deutschland in der Welt.

Es ist ja kein Geheimnis, daß diesem wiedervereinigten Deutschland, wenn es seine inneren Schwierigkeiten erst einmal überwunden haben wird, in Europa nach Bevölkerungszahl und Sozialprodukt besondere Bedeutung zukommen wird und daß auch seine Verantwortung in der Weltpolitik zunehmen wird. Deshalb ist in den jüngstvergangenen Jahren da und dort der Argwohn aufgekommen, es könnte sich nunmehr allmählich aus der Westbindung der vergangenen 40 Jahre lösen und auf die alten wilhelminischen Pfade zurückkehren. Ich spreche das so offen aus, weil ich der felsenfesten Überzeugung bin, daß es meist schon die halbe Antwort auf eine Frage ist, wenn man die

Frage nicht vornehm umschreibt, sondern eben ganz offen frontal anspricht. Wenn es nach mir geht, darf sich diese Befürchtung mancher unserer Nachbarn nicht einen Augenblick und nicht einen Zentimeter realisieren.

Deshalb ist es meines Erachtens unerläßlich, daß dieses neue und zunächst nur vermeintlich stärker gewordene Deutschland zusammen mit den anderen westeuropäischen Partnern unermüdlich an der Erweiterung und an der Vertiefung der Europäischen Union mitarbeitet.

Deshalb ist die Zusammenarbeit mit den Vereinigten Staaten von Amerika, im Rahmen der Nordatlantischen Allianz, aber auch außerhalb dieses Rahmens, so wichtig. Deshalb brauchen wir die Intensivierung der deutsch-französischen Freundschaft weit über den Kreis der Amts- und Funktionsträger hinaus in allen gesellschaftlichen Bereichen. Und deshalb brauchen wir die Stärkung der Vereinten Nationen, auch durch verstärkte deutsche Mitarbeit – wobei ich die Zuständigkeiten des Bundesverfassungsgerichts auch nicht thematisch gestreift haben möchte.

Sowohl die innere Sicherheit als auch die Überlebensfähigkeit der Menschheit hängen davon ab, ob es uns in unserer Lebensspanne gelingt, in Bereichen wie Friedenssicherung, wie Umweltschutz, Artenschutz, Rohstoffverbrauch und Ernährung zu Lösungen zu kommen, die den Namen einer Weltinnenpolitik wenigstens in Ansätzen verdienen.

Besondere Verantwortung haben wir Deutschen für die Zukunft der frei gewordenen Völker östlich von uns. Dazu drängt uns nicht nur unser eigenes politisches Interesse, sondern auch die Vergangenheit, die unser Verhältnis zu vielen dieser Völker immer noch belastet. Was an mir liegt, soll geschehen, daß diese Last Stück für Stück abgetragen oder doch wenigstens gemildert wird und daß die Deutschen dort als das erscheinen, was sie schon immer hätten sein sollen: als friedliche, hilfsbereite und – vor allem im Politischen – auch der Uneigennützigkeit fähige Nachbarn.

Aus der Hilfe, die wir diesen Völkern anbieten, darf auch nicht der Hauch einer politischen Präponderanz entstehen; schon deshalb brauchen wir übrigens die Vertiefung der Europäischen Union. Und es darf auch durch diese Hilfe nicht der Schein eines deutschen Sonderweges entstehen. Ich bin im übrigen sicher, daß er gar nicht entstehen kann. In der 40jährigen Geschichte der europäischen Einigung ist bisher noch jede Erweiterung mit einer Vertiefung einhergegangen.

Aber wenn wir uns das alles vornehmen, dann müssen wir auch unserer selbst etwas sicherer werden, als wir das im Augenblick sind. Sie ahnen, was jetzt kommt: die Frage der deutschen Nation, die wir aus guten Gründen lange Jahre ganz tief gehängt haben, die wir jetzt aber nicht irgendwelchen Rattenfängern überlassen dürfen.

Ich habe zu dieser Frage schon in meiner Rede zum 17. Juni 1988 im Bonner Wasserwerk Stellung bezogen. Was ich damals gesagt habe, gilt unverändert fort und kann nachgelesen werden. Aber ein paar wesentliche Punkte will ich hier doch wenigstens wiederholen.

Ich habe mich damals zur deutschen Nation bekannt und will das auch in dieser Stunde wieder tun. Der Nationalstaat aber als alleinige Form politischer Gestaltung, der hat sich überlebt; das erfahren wir an allen Ecken und Enden. Aber ob wir es wollen oder nicht, ob wir Deutsche, Franzosen, Amerikaner oder Türken sind, wir alle sind nun einmal – so wie die Dinge heute liegen – in eine Nation hineingeboren oder hineinversetzt. Jede Nation hat ihr eigenes historisches Erbe. Dazu gehört auch, daß die deutsche eine lange, reiche und vergleichsweise friedliche Geschichte hatte, ehe sie – später als andere – zum Nationalstaat wurde. Wir können auch diesen Teil unseres Erbes nicht ausschlagen.

Aber wir Deutschen haben allen Grund, uns in dieser Frage sehr, sehr vorsichtig zu bewegen. Dazu sollten uns schon die Schandtaten veranlassen, die in deutschem Namen begangen worden sind, genauso aber auch die Erfahrung, daß unser Volk, vielleicht mehr als andere, sowohl in der Niedergeschlagenheit als auch im Jubel zur Übertreibung neigt und daraus wieder neues Unheil und neues Unrecht entstehen könnte.

Ich rate uns aus allen diesen Gründen, die Liebe zu unserem Land nicht einen Augenblick zu verschweigen, uns dabei aber, wie ich vor sechs Jahren schon sagte, ausgesprochen leiser Töne zu befleißigen. Nationales Trara, Fanfaren und Tschinellen sind das letzte, was wir dabei brauchen können.

Ich pflege in diesem Zusammenhang meist einen Satz des politisch gewiß unverdächtigen Kurt Tucholsky zu zitieren, der genau zum Ausdruck bringt, was ich jetzt meine. 1929 hat er geschrieben:

In allen Gegensätzen steht – unerschütterlich, ohne Fahne, ohne Leierkasten, ohne Sentimentalität und ohne gezücktes Schwert – die stille Liebe zu unserer Heimat.

In diesem Zusammenhang sind dann natürlich auch einige Worte zum Umgang mit unserer Geschichte nötig. Das Thema ist aus Gründen, die ich hier weder analysieren noch beurteilen möchte, immer noch schwierig, und es ist in letzter Zeit sogar wieder schwieriger geworden, weil es zu viele zwar geistvolle, aber eben auch irreführende neue Formeln dazu gegeben hat. Mit Formeln wie »Die Nachkriegszeit geht zu Ende« oder »Nach Auschwitz gibt es keine Geschichte mehr« ist der Sache, die uns alle umtreibt, nicht gedient. Wichtig ist etwas ganz anderes: der ungeschminkte, offene Blick auf die historische Wahrheit und die Bereitschaft, diese historische Wahrheit weder umzuschminken noch wegzuinterpretieren. Nichts weglassen und nichts hinzufügen!

Es ist historische Wahrheit, daß in den unseligen zwölf Jahren vom deutschen Boden ein Angriffskrieg ausgegangen ist, der die ganze Welt in Brand gesteckt hat, daß Millionen von Juden und Hunderttausende aus anderen Minderheiten ermordet worden sind, daß es KZ's und Vernichtungslager gegeben hat, so wie es historische Wahrheit ist, daß unter den Folgen dieses verbrecherischen Systems auch ungezählte Deutsche gelitten haben, und wie es Wahrheit ist, daß auf den selbstverschuldeten Ruinen nachher ein freiheitlicher und demokratischer Staat aufgebaut worden ist und daß sich der Teil unseres Volkes, der dieses Glück und diese Chance zunächst nicht hatte, in einer unblutigen Revolution selbst befreit hat.

Nur, auch wenn wir das alles nicht verschweigen können und nicht verschweigen wollen: Aufrechnungen sind hier genausowenig möglich. Man kann nicht Hitler gegen Beethoven aufrechnen oder Himmler gegen Robert Koch oder Hilde Benjamin gegen Grundgesetz und Rechtsstaat. So können wir und so dürfen wir unsere Geschichte nicht betreiben; das würde wieder einmal alles schraffieren und alles verwischen, was wir aus ihr zu lernen haben.

Ebensowenig kann man historische Lasten der eigenen Nation gegen Lasten anderer Nationen, Verbrechen des einen Unrechtsregimes gegen die des anderen, Hitler gegen Stalin, Dresden gegen Coventry, Bautzen gegen Dachau aufrechnen. Der Gleichheitsgrundsatz gilt nicht im Unrecht.

An der historischen Einmaligkeit des Grauens von Auschwitz ist nun einmal nicht zu deuteln. Daß es eine historische Einmaligkeit bleibt, ist nicht ein Thema für streitende Historiker, sondern es ist Verantwortung und Pflicht für uns alle. Denn natürlich haben wir aus den schlimmen Teilen unserer Geschichte am meisten zu lernen; das ist immer so im menschlichen Leben.

Nur hat sich durch den Zeitablauf – auch das will ich in aller Deutlichkeit sagen, weil ich es als eine Grundaufgabe meiner Amtszeit betrachte – auch die Struktur dieser Aufgabe zu verändern begonnen. Je mehr Zeit ins Land geht, desto weniger Sinn macht es, nach persönlicher Schuld einzelner Personen zu suchen, sosehr ich dafür bin, auch noch den letzten KZ-Schinder bis an sein Lebensende zu verfolgen.

Lassen Sie mich aber persönlich sagen: Als der Krieg zu Ende war, war ich elf Jahre alt, und schon da kann man zwar von Scham und Verantwortung für die Zukunft, schlecht aber von persönlicher

Schuld reden. Von meinen Söhnen kann ich noch weniger verlangen, daß sie solche individuelle Schuld empfinden. Aber das kann man von uns verlangen: daß wir aus der Geschichte des Volkes, in das wir hineingeboren sind, lernen, daß wir uns engagiert damit auseinandersetzen und daß wir mit vollem Einsatz dagegen antreten, wenn sich in diesem Land wieder totalitäre und menschenverächterische Tendenzen zeigen.

Totalitarismus, den bekämpft man nicht, wenn er schon die Macht an sich gerissen hat; denn dann ist es für den einzelnen, für den kleinen Mann zu spät. Man bekämpft Totalitarismus, wenn er zum erstenmal sein Haupt erhebt, und schon dann mit aller Entschiedenheit.

In diesem Zusammenhang will ich gleich ein paar Worte zu den kriminellen Taten sagen, unter denen gegenwärtig die in Deutschland lebenden Ausländer zu leiden haben. Ich bin gern bereit, mich an Diskussionen darüber zu beteiligen, ob es nicht in der Ausländerpolitik Fehler und Versäumnisse gegeben hat und ob es nicht eine Perspektivlosigkeit gibt, unter der wenigstens die Jugendlichen unter den Tätern leiden, auch darüber, ob es mehr die Schulen und die Medien sind, die hier zuwenig entgegengewirkt haben, oder vielleicht nicht doch auch die Elternhäuser.

Aber das will ich auch hier mit aller Klarheit sagen – das werden Sie vielleicht einem früheren Innenminister nachsehen –: Hier sind auch Polizei und Strafgerichte gefordert. Wer es selbst nicht weiß, daß man lebendige Menschen nicht in Brand steckt, daß man sie nicht zusammenschlägt und daß man sie nicht durch Städte jagt, dem muß das eben auch mit den Machtmitteln des Rechtsstaates klargemacht werden.

Es ist üblich geworden, in diesem Zusammenhang unsere Mitbürger zur Zivilcourage aufzurufen, zur beherzten Nothilfe. Das will ich auch von dieser Stelle aus und in allem Ernst tun. Wir müssen alle wissen, daß es hier auch um unser Ansehen im Ausland geht, daß es aber vor allem darum geht, ob in Deutschland eine politische Atmosphäre erhalten bleibt, in der man gern und frei lebt, in der jeder von uns gern und frei lebt, und daß schließlich auch unser eigenes Schicksal, das Schicksal jedes deutschen Bürgers, zur Debatte steht. Denn die Verbrecher, von denen ich hier rede, werden, wenn erst einmal eine Atmosphäre der Gewalt entstanden ist, bei den Ausländern eben nicht haltmachen.

Heute sind die Ausländer dran, morgen dann wieder einmal die Juden, dann die Behinderten, die Katholiken und die Protestanten, die Gläubigen und die Ungläubigen – um nur einige Beispiele zu nennen. Ich will das nicht im einzelnen ausführen. Aber in diesen Fragen werden nicht nur unser Ansehen und die Atmosphäre, in der wir leben, es wird auch unser Lebensrecht gefährdet.

Das deutsche Volk lebt – bei allen Problemen und allen Ungerechtigkeiten, die ich keinen Augenblick übersehe – in Verhältnissen, wie sie im Weltmaßstab exzeptionell sind, und das gilt sowohl von der inneren Verfassung unseres demokratischen Rechtsstaates her als auch von dem Wohlstand, dessen wir uns erfreuen.

Man braucht sich das nur vorzustellen: 200 Jahre – wenn überhaupt – von 6000 Jahren Menschheitsgeschichte gibt es demokratische Rechtsstaaten. Schauen Sie sich den Globus an, schauen Sie sich an, wie groß der Anteil der demokratischen Rechtsstaaten im Verhältnis zur bewohnten Erdoberfläche ist! Viele von uns nehmen das als selbstverständlich. Aber es ist nicht selbstverständlich. Ein Blick auf den Globus und auf die Geschichte zeigt, daß wir uns seit je in einer Ausnahmesituation befinden, die sich immer wieder aufs neue bewähren und vor allem verdient werden muß, und zwar nicht nur auf dem Feld der Wirtschaft und der Technik, sondern – damit auch das gleich gesagt wird – auch auf den Feldern der Humanität und der sozialen Solidarität.

Ich kann in der Kürze der Zeit nicht im einzelnen darstellen, was das alles bedeuten könnte. Wieder müssen einige Hinweise genügen, und der wichtigste davon scheint mir zu sein, daß wir in sehr, sehr vielen Fragen einfach werden umdenken müssen, auch wenn unsere bisherigen Lösungen noch so erfolgreich gewesen sein mögen.

Das beginnt schon in unserem Verhältnis zu Wirtschaft und Technik. Wir werden es uns auf die Dauer nicht leisten können, mit beidem so umzugehen, wie wir es bisher getan haben. Weder haben wir Anlaß, die beiden Bereiche so absolut zu setzen, wie es im Überschwang vergangener Wohlstandsepochen mitunter der Fall war, noch können wir es uns auf die Dauer leisten, auf jene Kuh einzuprügeln, von deren Milch wir leben. Wir werden einfach ein realistischeres Verhältnis zu Wirtschaft und Technik entwickeln müssen, als es sich bisher im Hin und Her zwischen Technologiebegeisterung und Zivilisationskritik gezeigt hat.

Dann werden wir auch unsere jungen Leute wieder zu Leistung und zu Lust an der Leistung bringen. Denn diese jungen Menschen spüren zutiefst, daß hier Fragen bestehen, auf die es bisher nur widersprüchliche und vor allem auf allen Seiten festgefräste Antworten gibt. Diese junge Generation ist zu Realismus und Leistung bereit, wenn man ihr einerseits die Chance des Erfolgs nicht wegdiskutiert und wenn man ihr andererseits die Möglichkeit läßt, die fortschreitende und fast unvermeidliche Technisierung mit ihren selbstverständlichen Humanitätsbedürfnissen halbwegs in Einklang zu bringen. Ich wiederhole: Das verlangt Umdenken in vielen Bereichen. Aber die Jungen, so wie ich sie kenne, sind dazu bereit. Und – ich sage das mit allem Ernst, nicht um eines Gags willen – sie werden uns Ältere vor der Zeit ablösen, wenn wir uns weiterhin in Situationsanalysen erschöpfen.

Eine so hochentwickelte technische Zivilisation behält ihr Lebensrecht aber auf die Dauer nur, wenn sie Raum für Humanität läßt, ja wenn sie diesen Raum recht eigentlich schafft.

Technischer Fortschritt darf, um nur einige Beispiele zu nennen, nicht dazu führen, daß andere, weniger entwickelte Wirtschaften dadurch völlig aus der Bahn geworfen werden. Sie müssen umgekehrt in einem System vernünftiger internationaler Arbeitsteilung weiter leben können.

Technischer Fortschritt darf nicht zur weiteren Vernichtung der Umwelt führen, sondern er muß Schritt für Schritt – und zwar in kräftigen Schritten – zum pfleglichen Umgang mit der Natur, zu ihrer Wiederherstellung verwendet werden. Technischer Fortschritt muß uns gewiß im Weltmaßstab konkurrenzfähig erhalten, aber er darf nicht zugleich im eigenen Land zur Verdrängung des Menschen aus dem Produktionsprozeß führen. Ich halte das für eines der bedrängendsten Probleme der nächsten Zukunft, und da ich oft genug darüber öffentlich gesprochen habe, will ich mich auch hier auf das Nötigste beschränken.

Es ist eine Tatsache, daß sich der Arbeitsmarkt in

letzter Zeit zumindest teilweise von der konjunkturellen Entwicklung abzukoppeln beginnt. Die Prognosen sagen es ja auch deutlich, daß im Augenblick zwar die Konjunktur wieder anspringt, daß das aber nicht ohne weiteres zu einem Schwinden der Arbeitslosigkeit führen wird.

Man kann das nicht einfach als Sachverhalt abtun, selbst wenn das soziale Netz Arbeitslose nach wie vor auffängt. Aber Arbeit ist mehr als eine Geldquelle. Sie ist zugleich eine Quelle von Selbstwertgefühl, von Sozialprestige, von innerer Zufriedenheit. Wenn das einer relevanten Anzahl von Menschen auf längere Dauer oder gar für immer vorenthalten wird, wird eine solche Gesellschaft ganz einfach inhuman.

Aus der Lektüre Hunderter von Verfassungsbeschwerden in den letzten Jahren weiß ich, daß auch das noch nicht alles ist. Je komplizierter unser Leben, unsere Wirtschaft, aber auch unsere Rechtsordnung und unser soziales System geworden sind, desto mehr Menschen gibt es auch, die damit ganz einfach nicht mehr fertig werden, die sich darin nicht mehr zurechtfinden.

Ich habe heute kein Patentrezept dafür anzubieten. Aber auch diese Form der Unbehaustheit kann kein Dauerzustand in unserer Gesellschaft sein. Damit möchte ich mich nicht abfinden, gleichgültig, wie sie sich äußert: als Obdachlosigkeit, als Stadtstreichertum, als Drogenabhängigkeit, als allgemeine Antriebslosigkeit oder was sonst.

Damit keine Mißverständnisse auftreten, will ich hinzufügen: Ich bin natürlich weit davon entfernt, diese Unbehaustheit als den alleinigen oder auch nur als den Hauptgrund von Obdachlosigkeit und Drogenkonsum anzusehen. Einen Zugang zu diesen Problemen gibt es aber auch von hier aus.

Diese selbstverständliche soziale Verpflichtung gilt auch im Verhältnis zwischen den Volkswirtschaften. Sowenig ein Rechtsstaat eine rein machiavellistische Außenpolitik treiben kann, sowenig kann sich eine soziale Marktwirtschaft nach außen benehmen, als ob wir noch im Zeitalter des Manchester-Liberalismus lebten.

Es ist gewiß eine Utopie, wenn ich hier das Bild einer sozialen Weltwirtschaft an die Wand male. Aber ich glaube, solche Idealvorstellungen braucht der Mensch, gerade wenn er weiß, daß sie zu seinen Lebzeiten nicht zu erreichen sind. Deshalb habe ich vorher an die Notwendigkeit einer humaneren internationalen Arbeitsteilung erinnert, und deshalb will ich hier – kurz, aber doch in aller Eindringlichkeit – auf die Notwendigkeit einer entschiedenen Entwicklungshilfepolitik hinweisen.

Die internationale Solidarität, an die ich erinnere, beginnt auch hier im Inneren unseres Landes: bei den Ausländern, die mit uns und unter uns leben. Das Amt, das ich heute angetreten habe, verbietet es mir, hier in die Details zu gehen, zumal ich aus eigener jüngster Erfahrung weiß, daß jede Silbe, die man nicht nach allen Seiten absichert, zu den größten publizistischen Katastrophen führen kann.

Deshalb will ich hier auch nur an das Grundsätzliche erinnern, und das beginnt schon bei der Klarheit der Vorstellungen und Begriffe. Wie sollen wir eigentlich über Deutschland als Einwanderungsland und wie über eine multikulturelle Gesellschaft reden und entscheiden, wenn sich jeder etwas anderes darunter vorstellt?

Wie sollen wir über eine geregelte Einwanderung diskutieren, wenn nicht klar ist, ob wir sie jetzt eigentlich aus humanitären Gründen wollen oder nur zur Korrektur unserer eigenen demographischen Kalamitäten? Ich sage es so ungeniert: Hier bringt uns nur eine faire, offene Diskussion weiter, und um die sollten wir uns nicht länger mit Schlagworten herumdrücken.

Über zwei Eckpunkte müßte aber in jedem Falle Einigkeit bestehen: Die ausländischen Arbeiter, die wir selbst geholt und die unsere Wirtschaft mit vorangebracht haben, müssen ihr Gastrecht behalten können; das gehört in die ganz primitive Kategorie der menschlichen Dankbarkeit, um nicht zu sagen der Kollegialität. Und die Angehörigen der zweiten und dritten Ausländergeneration, die in Deutschland zu Hause sind, müssen hier Heimatrecht haben, wie immer das dann rechtlich ausgestaltet werden mag. Dazu werden Sie von mir keine weitere Silbe mehr hören. Wir haben als Deutsche gerade das Heimatrecht zu beharrlich betont, als daß wir es ihnen gegenüber in Abrede stellen dürften.

Lassen Sie mich nun noch ein paar Worte zur inneren Einheit zwischen den Deutschen sagen. Die staatliche Einheit ist erreicht; unter uns aber ist seit einiger Zeit weniger vom Glück dieser Einheit die Rede als von den Problemen und den Kosten des Zusammenwachsens.

Ich kann es gut verstehen, wenn die Stimmung in den sogenannten neuen Bundesländern mitunter gedrückt ist. Die meisten Menschen dort erleben Erfolg und Scheitern in einem. Sie erfahren nie geahnte Möglichkeiten und zugleich den Verlust bisheriger Berechenbarkeiten.

Wenn man es nicht am eigenen Leibe erlebt, kann man wahrscheinlich gar nicht ermessen, was es heißt, wenn von heute auf morgen ein ganzes Wirtschafts-, Gesellschafts- und Rechtssystem ausgewechselt wird, was es heißt, sich auf ganz neue Methoden der sozialen Sicherung einstellen zu müssen, und was es heißt, über Nacht eine völlige Veränderung der Lebensperspektiven, den Verlust eines sicher geglaubten Arbeitsplatzes, den Verlust erworbener Qualifikationen und Ansprüche, das Wertloswerden von Erfahrungs- und Orientierungswissen verkraften zu müssen.

Ich kann das alles, wie gesagt, nur ahnen. Aber gerade deshalb bewundere ich die Umstellungsleistungen, die dort immer noch erbracht werden, Tag für Tag. Deshalb sage ich den Menschen in den alten Ländern: Machen Sie sich klar, wie privilegiert Sie 40 Jahre lang waren und wie privilegiert Sie heute noch sind, trotz aller Kosten und Opfer des Wiederaufbaus in den neuen Bundesländern!

Und dann das ganz andere, was ich überhaupt nicht verstehe: Unter uns Deutschen macht sich Erstaunen breit, daß wir auch geistige und mentalitätsmäßige Unterschiede feststellen. Dieses Erstaunen zeigt, wie wenig wir in den letzten Jahrzehnten wirklich voneinander gewußt haben und wie weit wir uns voneinander entfernt haben. Das böse Wort von der »Mauer in den Köpfen« geht um.

Aber haben wir denn im Ernst annehmen können, wir wären nach 40 Jahren der Trennung, der unterbundenen oder zumindest sehr erschwerten Information, der unterschiedlichen Lebenserfahrungen und dazu noch nach zweimaligem Generationenwechsel sowohl westlich als auch östlich der Mauer wirklich noch dieselben – wohlgemerkt, dieselben, von denen uns unsere Großeltern erzählt haben? Das kann doch nicht sein, und es ist auch nicht so. Aber damit muß sich doch fertig werden lassen, zumindest dann, wenn man nichts Unmögliches verlangt. Hinter dem Wort von der »Mauer in den Köpfen« steckt die Idee des Einheitsdeutschen, und das ist etwas in jedem Sinne des Wortes Unmögliches.

Es trifft zu: Deutschland ist am 3. Oktober 1990 nicht nur größer und bevölkerungsreicher geworden, es ist auch bunter, widersprüchlicher und sogar konfliktreicher geworden. Aber ist das eigentlich ein Schaden?

Uniformität ist noch nie das Wesensmerkmal unseres Landes gewesen, so gern das manche Stromlinienförmigen unter uns gehabt hätten. Unser Reichtum waren immer Vielfalt und Vielgestaltigkeit. Daraus ist unsere Kultur und wahrscheinlich auch unsere Kreativität entstanden. Da kann es doch nur von Nutzen sein, daß beide Teile unseres Volkes jetzt mit ganz neuen, ihnen bisher fremden Ideen und Erfahrungen konfrontiert werden. Was neu hinzugekommen ist – im Westen wie im Osten –, ist zwar vielleicht mühsam, aber es regt an, es muß anspornen, und es kann uns ohne weiteres zum Segen werden, wenn wir es nur zu nutzen verstehen.

Ich spreche jetzt nicht nur von den beruflichen Fähigkeiten der Ostdeutschen, von ihren Sprachkenntnissen und ihren Beziehungen zu Osteuropa, die wir eines Tages noch bitter nötig haben werden, sondern ich spreche vor allem von ihrer politischen Leistung, die heute hinter einer Wolke von Irritationen zu verschwinden droht: von der Wiedererlangung der deutschen Einheit in Freiheit. Denn diese Freiheit, die Freiheit von 1989, ist durch das Volk selbst erkämpft worden. Die Westdeutschen haben beim Aufbau ihrer Demokratie bestimmt viel geleistet, aber viele haben es zunächst auf Grund einer totalen Niederlage und unter dem Drängen der Siegermächte getan. Die Ostdeutschen dagegen haben ihre Demokratie selbst erkämpft.

Ich finde – und ich sage dies auch auf die Gefahr hin, daß ich Protestschreiben aus Frankfurt und Neustadt an der Weinstraße bekomme –: Das ist mehr als Hambacher Fest und Paulskirche zusammen; denn sie sind, so bedauerlich das ist, letzten Endes gescheitert. 1989 ist gelungen. Darauf kann man doch stolz sein. »Stolz« ist ein Wort, das ich ganz ungern in den Mund nehme, das hier aber wirklich einmal berechtigt ist.

Und das wird, wenn ich recht sehe, weder im Westen noch im Osten bisher ausreichend gewürdigt. Deshalb sage ich den Mitbürgern in den neuen Ländern: Bringen Sie Ihre Freiheitserfahrungen in den politischen Prozeß mit ein! Gestalten Sie Ihre Länder, Ihre Gemeinden nach diesen Erfahrungen, und geben Sie damit auch ein Beispiel für den Westen! Sie wissen doch am besten, wie schwer es ist, ohne Freiheit zu leben. Vergessen Sie das nicht, auch nicht unter den Belastungen, die diese Freiheit jetzt mitunter mit sich bringt! Vielleicht springt davon sogar etwas auf die kleinmütigen Westdeutschen über.

Die Westdeutschen aber frage ich noch einmal, ob sie sich wirklich darüber klar sind, wie privilegiert sie 40 Jahre lang waren, und ich frage sie weiter, wie willkommen ihnen die Menschen in den neuen Ländern nun eigentlich wirklich sind. Können sie ins Haupthaus ziehen, oder sollen sie in einem Anbau Ost wohnen bleiben? Wird akzeptiert, daß sie nach ihren eigenen Erfahrungen und Überzeugungen leben und mitbestimmen wollen, oder dürfen sie vielleicht nur mitspielen, wenn sie sich an die Spielregeln des Westens halten? Die Antwort auf diese künstlich gestellten Fragen kann doch nicht eigentlich problematisch sein. Aber dann ziehen wir doch auch die Konsequenzen daraus, so unbequem sie mitunter sein mögen!

Die Deutschen haben es mit ihrer Einheit nie leicht gehabt. Oft wurde diese Einheit nicht erreicht, weil die Opfer dafür zu groß waren oder doch wenigstens als zu groß empfunden wurden. Oft war es genau umgekehrt: Der äußere Nutzen der Einheit war groß und begann die Geister zu blenden. Zwischen Scylla und Charybdis hat sich folglich das deutsche Schicksal vollzogen.

Heute stehen wir wieder einmal an einer solchen Wegmarke. Wir haben keinen Grund, die Schwierigkeiten, die noch vor uns liegen, gering einzuschätzen. Aber wir haben auch keinen Grund, uns von ihnen überwältigen zu lassen. Unsere Großeltern und Eltern haben ganz andere Probleme bewältigt. Sorgen wir dafür, daß auch wir das zustande bringen! Wir haben alle Möglichkeiten. Es liegt an uns, was wir aus dem Geschenk des Jahres 1989 machen.

3. Ein Geschenk an alle Deutschen

Tag der Deutschen Einheit
am 3. Oktober 1994 in Bremen

Zum vierten Mal begehen wir den Tag der Deutschen Einheit. Gemessen an 40 Jahren der Teilung, sind vier Jahre der Einheit nur wenig. Und doch gibt es bereits eine Geschichte des vereinten Deutschlands.

Zunächst war und bleibt es die Geschichte eines unerhörten Glücksfalls. Die Wiedervereinigung war ein Geschenk an alle Deutschen, und auf die Bürgerbewegung, die die Freiheit im Osten unseres Landes erkämpfte, können wir auch alle stolz sein.

Aber da gibt es auch die Geschichte einer übergroßen Erwartung, die sich inzwischen stellenweise in Enttäuschung gewandelt hat.

Ich kann das gut verstehen: Der Zusammenbruch aller gewohnten Strukturen in Ostdeutschland hat viele Menschen verunsichert und hat ihnen enorme Umstellungsleistungen abverlangt. Davor sollte niemand die Augen verschließen, und wir sollten alle dankbar anerkennen, daß viele Menschen diese Umstellungsleistungen unter großen persönlichen Opfern erbracht haben und täglich noch erbringen. Und im Westen gibt es ebenfalls Enttäuschungen: Vielen geht der Aufschwung im Osten zu langsam, und die 150 Milliarden, die alljährlich in den Aufbau der neuen Länder fließen, fehlen ja schließlich in den Kassen des Bundes, der Länder, der Kommunen und nicht zuletzt der privaten Haushalte.

Wie haben wir mit dieser Enttäuschung umzugehen?

Hier reicht es nicht aus, immer wieder die alten Fragen zu wiederholen – ob die DDR nicht doch reformfähig gewesen wäre, ob es richtig war, die Währungsunion so rasch durchzuführen, ob das Wirtschaftssystem des Westens humaner oder vielleicht weniger human ist als das der DDR, ob ein langsamerer, schonenderer Weg in die Einheit – ohne Aufrechterhaltung der Mauer – möglich gewesen wäre.

Darüber mögen eines Tages die Historiker streiten, und ich verstehe natürlich auch, daß in den Wahlkämpfen dieses Superwahljahrs mitunter darüber gestritten wird.

Aber die Fragen, um die es jetzt wirklich geht, lauten ganz anders.

Das erste, worum es unvermindert zu gehen hat, ist der wirtschaftliche Aufbau in den neuen Bundesländern. Hier ist vieles geschafft worden, und vieles ist auf gutem Wege; das haben mir meine zahlreichen Besuche im Osten Deutschlands deutlich vor Augen geführt, wenn auch die Hauptsorge, die Beseitigung der Arbeitslosigkeit, mit der Wiederbelebung der ostdeutschen Wirtschaft alleine nicht zu schaffen sein wird. Aber es ist das eine, eine solche Entwicklung, die noch »unterwegs« ist und gerade die ersten Früchte zeigt, von oben her zu betrachten und für gut zu befinden, und es ist etwas ganz anderes, in ihr »darinzustecken«, ja sich ihr ausgeliefert zu fühlen und das Licht am Ende des Tunnels, von dem die Sachverständigen sprechen, selbst eben als einfacher Bürger doch noch nicht zu sehen.

Da ist auf beiden Seiten, im Osten wie im Westen, viel Geduld und viel Einsicht vonnöten, und nicht jeder bringt diese Geduld auf. Das ist der Grund für manche Irritationen der letzten Monate, bis in die Wahlergebnisse und in die Wahlbeteiligung hinein. Aber mit dem Erfolg werden auch diese Irritationen geringer werden und eines Tages vielleicht ganz verschwinden.

Und übrigens – das möchte ich mit Nachdruck sagen: Mit Wahlenthaltung ist hier überhaupt nichts zu gewinnen; sie stärkt nur die radikalen Flügelparteien, deren Anhänger in jedem Fall zur Wahlurne gehen.

Ostdeutschland ist heute schon ein Laboratorium des Neuen. Hier werden neue Formen von Eigentum und Management entwickelt, zum Beispiel das management buy-out, die Gründung von regionalen Investitionsfonds, das Engagement von Risikokapital in Formen, die es im Westen eigentlich längst geben müßte. Hier wird das modernste Telekommunikationsnetz der Welt verlegt. Hier werden neue Verkehrssysteme getestet. In absehbarer Zeit wird im Osten vieles moderner und wettbewerbsfähiger sein als im Westen Deutschlands – und auch im Westen Europas. Das ist ein gutes Pfund, um in der Zukunft damit zu wuchern.

Wir werden dieses Pfund auch gut gebrauchen können. Denn die Welt, in die uns die Jahrhundertwende stellt und in der unsere Kinder werden leben müssen, ist in einem Wandel begriffen, wie ihn wohl noch keine Generation vor uns erlebt hat. Ich erinnere nur an die sich weltweit herausbildende Abhängigkeit jedes Staates von jedem anderen, jeder Wirtschaft von jeder anderen, ich erinnere an die Leerräume, die der Zusammenbruch alter Ideologien mit sich gebracht hat, und an den Verlust scheinbarer Sicherheit, die viele Menschen daraus hergeleitet haben, ich erinnere an das Entstehen neuer, in ihrer Wirkungskraft noch gar nicht abschätzbarer Ideologien, an das Wiedererwachen von Nationalismen vor unserer Tür, an die Gefahren, die von manchen modernen Technologien auf die Arbeitsmärkte überstrahlen, und an vieles andere, was man hier noch anführen könnte.

Solche Zeiten haben die Menschen immer am

besten bewältigt, wenn sie zwei Eigenschaften zeigten: erstens Flexibilität und zweitens Mut.

Ohne Flexibilität gelingt es keiner Gesellschaft, sich auf den dauernden Wandel in ihrer Umgebung rechtzeitig und mit Aussicht auf Erfolg einzustellen. In einem freiheitlichen Gesellschaftssystem ist das zunächst einmal ein Aufruf an Wirtschaft und Technik; aber darüber will ich heute nicht reden, und das ist auch nicht das einzige, worauf es ankommt. Gefordert sind auch die öffentlichen Verwaltungen und vor allem die Gesetzgeber. Natürlich müssen Recht und Verwaltung Übergriffe der Stärkeren auf die Schwächeren verhindern und natürlich haben sie auch die Würde von Mensch und Natur zu wahren. Aber sie sind nicht dazu da, Verkrustungen zu bewahren und Visionen totzuschlagen. Nur wenn Wirtschaft, Verwaltung und Recht so flexibel, so innovativ und so kreativ werden, wie es die Zukunft verlangt, wird unser Land den Wettbewerb mit anderen bestehen und nur dann werden wir den hohen Standard unseres Wohlstandes – auch unseres sozialen Wohlstandes – verteidigen können.

Das ist ein Thema allerersten Ranges, das wir noch längst nicht im Griff haben. Niemand will gern auf seine Besitzstände verzichten, auch nicht auf liebgewordene Denkschablonen. Aber allzu defensives Besitzstandsdenken muß wieder der offensiven Wahrnehmung sich bietender Chancen weichen. Das war das Geheimnis des westdeutschen Wirtschaftswunders nach dem Krieg, und das wird auch der Schlüssel zur Erneuerung Deutschlands nach seiner Vereinigung sein.

Und damit bin ich beim zweiten Erfordernis: beim Mut. Denn Chancen ohne Risiken gibt es im menschlichen Leben nicht, und um sich Risiken zu stellen, bedarf es eines erheblichen Mutes und eines gesunden Selbstvertrauens. Man kann das nicht predigen, und ich selbst bin der letzte, der dazu nur predigen wollte. Aber wir brauchen in der Zeit, auf die wir zugehen, Mut so nötig wie die Luft zum Atmen, und wenn wir Älteren ihn nicht mehr aufbringen sollten, so hoffe ich wenigstens auf die jungen Menschen in unserem Land, für die es doch eigentlich eine – zwar harte, aber doch auch faszinierende – Aufgabe sein müßte, sich den Problemen unserer Zeit zu stellen und mit ihnen schließlich fertig zu werden. Vielleicht ist die Mut- und Bewegungslosigkeit, die wir mitunter zu verspüren meinen, auch eine Folge unserer verkorksten Alterspyramide?

Von den Aufgaben, die im internationalen Feld liegen, will ich heute nicht weiter sprechen. Unsere Verantwortung für das sich neu gruppierende Europa liegt auf der Hand. Nach Westen hin haben wir in vier Jahrzehnten bewiesen, daß wir diese Verantwortung sehen und daß wir sie ernst nehmen, und was wir über die anderen Teile Mitteleuropas wie über die Staaten Osteuropas denken, brauche ich hier nicht noch einmal zu wiederholen. Insofern sind zwei Symbole aussagekräftiger: die Tatsache, daß Andrzej Szczypiorski heute unter uns ist und zu uns spricht und – was in den letzten Tagen von der deutschen Öffentlichkeit fast übersehen wurde – daß es Polen war, das in der laufenden UNO-Vollversammlung die Streichung der Feindstaatenklausel aus der UNO-Charta beantragt hat.

Aber auch hier müssen wir alle im Grundsätzlichen umdenken: So wie innerstaatlich mehr Sozialprodukt nicht mehr automatisch mehr Arbeitsplätze und mehr Normen nicht mehr automatisch mehr Gerechtigkeit bedeuten, so wird auch der hergebrachte Nationalstaat nicht mehr allein zur Lösung aller Probleme ausreichen, und auf ähnliche Weise beginnt auch die jahrhundertealte Idee der Souveränität löchrig zu werden. Ein Staat, dem man eine Inflation oder Wolken voll sauren Regens einschleppen kann, ist ohnehin nicht mehr souverän im hergebrachten Sinne, und ein Europa ohne Souveränitätsverzichte wird nicht auf Dauer lebensfähig sein. Wir werden sehr viel Mut und Überzeugungskraft nach innen und außen, sehr viel Bereitschaft zum Risiko und zum Begehen neuer Wege brauchen, um daraus das Beste zu machen.

Was bleibt, ist die Frage, ob wir Deutschen selbst

so einig sind, wie es notwendig ist, um unseren Aufgaben in der Welt gerecht zu werden.

Wer über dieses Thema spricht, von dem werden heute mehr Wehklagen als Aussagen erwartet. Aber daran will ich mich nicht beteiligen, zumal ich immer noch keinen gefunden habe, der mir erklären könnte, was »nationale Identität« eigentlich ist – »nationale Identität«, die uns angeblich fehlt und die wir angeblich dringend benötigen.

Ich will das, was die beiden Teile des deutschen Volkes trennt, bei Gott nicht wegretuschieren. Vierzig Jahre der Trennung und des Lebens in ganz verschiedenen Gesellschaftssystemen haben natürlich tiefgreifende Unterschiede im Denken entstehen lassen. Aber man darf diese auch nicht ewig überbewerten. Vielfalt war stets nicht die Schwäche, sondern die Stärke der Deutschen. Einen wirklichen deutschen Einheitsstaat hat es schließlich nur zwölf Jahre lang gegeben, und das war die schlimmste Zeit unserer ganzen Geschichte, sowohl für Deutschland wie für alle anderen Völker.

Fragen wir also weniger, was uns noch trennt, sondern vielmehr, was uns schon eint, und vor allem, wie wir unsere unterschiedlichen Lebenserfahrungen, die fortbestehen werden, für die Zukunft nutzen können. Im Osten wie im Westen unseres Vaterlandes ist so viel an Wissen, Kraft und Erfahrung vorhanden, was uns nur nützen kann. Warum klagen wir dann eigentlich über die

Verschiedenheiten, die wir zu diagnostizieren glauben?

Verschiedenheit des Denkens und der Erfahrung ist doch nicht Verschieden*wertigkeit.* Verschieden mögen wir ja noch sein, aber gleichberechtigt und vor allem gleichwertig sind wir trotzdem. Ich wiederhole hier bewußt, was ich beim Jubiläum der Reichsverfassung von 1919 in Weimar gesagt habe: Westdeutschland hat uns die erste erfolgreich erprobte demokratische Verfassung beschert. Ostdeutschland aber die erste erfolgreiche demokratische Revolution unserer Geschichte, und so ist es heute schon auf vielen Gebieten. Wir müssen nur die Augen aufmachen, um das zu sehen. Seit der Vereinigung wirken Ostdeutschland und Westdeutschland tagtäglich aufeinander ein, und wenn der westliche Einfluß im Osten zunächst auch eindeutig stärker war, so zeigt sich doch mehr und mehr, daß es hier keine Einbahnstraßen gibt.

Das funktioniert allerdings nur, wenn wir aufhören, uns gegenseitig vorzusagen, wie wir die Welt richtig zu sehen hätten und wie wir uns vor allem in der Vergangenheit richtig hätten verhalten sollen. Natürlich: wir wissen immer noch viel zuwenig voneinander, und ich bezweifle, daß es im Westen Deutschlands sehr viele Menschen gibt, die sich anmaßen dürften, Ostdeutschen vorzuhalten, wie sie sich in den bewußten 40 Jahren richtig verhalten hätten; das kann eigentlich nur der, der diese Jahre am eigenen Leibe erlebt hat. Umgekehrter Richtung ist es genauso.

Also käme es doch eigentlich darauf an, daß wir mehr aufeinander hören, als daß wir uns belehren. Daß wir uns wechselseitig unsere Biographien erzählen, um daraus Unterschiede und Gemeinsamkeiten zu erkennen. Daß wir uns austauschen und dabei unsere Einheit finden. Denn am Ende kann ein Volk – wie übrigens das ganze Europa – nicht mit zwei Geschichten leben, sondern es muß eine einheitliche, ehrliche und nach keiner Seite geschönte Geschichte daraus werden. Ich weiß, daß Wissenschaftler – wenn auch bei weitem nicht alle – längst daran arbeiten. Aber das ist nicht nur eine Sache der Spezialisten. Es ist eine Sache, die uns alle angeht. Warum tun wir es dann so selten?

Und schließlich ein Letztes: Wenn wir heute über die Schwierigkeiten der »inneren Einigung« klagen, so darf dabei nie vergessen werden, daß sie Spätfolgen der Teilung sind, daß diese Teilung Folge des letzten Krieges war und daß dieser Krieg von der ersten der beiden Diktaturen entfesselt wurde, die dieses Jahrhundert auf deutschem Boden gesehen hat.

In das vor uns liegende Jahr, das fünfte der Einheit, wird auch der 50. Jahrestag des Kriegsendes fallen. Er wird uns Gelegenheit geben, uns in der Verantwortung für die Geschichte zu einigen und für die Zukunft gemeinsam weiter zu lernen: Nie wieder Krieg von deutschem Boden. Nie wieder Gewalt, Unfreiheit und Verfolgung Andersdenkender – oder anders Aussehender – auf deutschem Boden.

Das ist die Devise, unter der wir beide angetreten sind und unter der wir beide leben wollen – die Westdeutschen und die Ostdeutschen.

4. Eine freiheitliche Verfassung braucht den Mut der Demokraten

75. Wiederkehr der Verabschiedung der Weimarer Reichsverfassung am 3. September 1994 in Weimar

Die Reichsverfassung, die am 11. August 1919 in Weimar beschlossen und wenige Wochen später im selben Jahr in Schwarzburg von Friedrich Ebert unterzeichnet wurde, leidet bis heute darunter, daß ihre Kritiker nicht hinreichend unterscheiden zwischen dem, was in ihr angelegt war, und dem, was später aus ihr geworden ist, um nicht zu sagen: was später aus ihr gemacht worden ist.

Diese Unterscheidung ist aber wichtig, wenn man ihr und ihren Urhebern gerecht werden will, und Jubiläumstage wie der heutige sollten, so meine ich, auch dazu benutzt werden, sich von jenen gängigen Klischees etwas freizumachen, die dem Verfassungswerk von 1919 lauthals bescheinigen, es sei so unzulänglich gewesen, daß es eigentlich nur habe scheitern können. Das Gegenteil ist nämlich richtig.

Gewiß tut man gut daran, Verfassungen nicht nur nach ihrem Text zu beurteilen, sondern danach, was sie tatsächlich bewirkt haben und wie sie sich inhaltlich entwickelt haben. Kein Gesetzestext, auch kein Verfassungstext kann nur aus sich heraus verstanden und beurteilt werden, jeder entwickelt und konkretisiert sich in der täglichen Praxis, und erst daraus wird ein gerechtes und halbwegs realistisches Urteil über ihn möglich.

Die Weimarer Reichsverfassung aber hatte, wenn man ehrlich ist, gar nicht die Zeit, sich so zu entwikkeln. Nach knapp elf Jahren – ich meine das Jahr 1930 – war sie bereits in ihr Gegenteil verkehrt, und nach wenig mehr als 13 Jahren – hier meine ich das Frühjahr 1933 – war sie durch eine scheinlegale Revolution überrollt. Man muß sich klarmachen, was das in der Realität einer Verfassung bedeutet, nicht nur im Vergleich zu den 200 Jahren der US-Verfassung, sondern auch im Vergleich zu den 45 Jahren, die das Bonner Grundgesetz jetzt in den westlichen Bundesländern gilt.

Noch deutlicher wird das, was ich sagen will, vielleicht, wenn ich daran erinnere, daß die vier Jahre, die das Grundgesetz – auf Grund souveräner und bewußter Entscheidung der Bürger – mittlerweile in den sogenannten neuen Bundesländern gilt, schon fast die Hälfte jener Zeit ausmacht, die die Weimarer Reichsverfassung überhaupt hatte, um sich einigermaßen nach den Intentionen ihrer Schöpfer zu entfalten.

Es ist sehr schwer, sich bei dieser Sachlage ein gerechtes Bild von der Qualität einer Verfassung zu machen. Das wäre nur dann anders, wenn man beweisen könnte, daß es gerade die Verfassung selbst war, die zum Scheitern der Weimarer Republik führen mußte. Aber dieser Beweis läßt sich nicht führen; das sage ich nicht als Bundespräsident, sondern als ein Mann, der sich vier Jahrzehnte lang aufs intensivste mit verfassungsrechtlichen Fragen befaßt hat.

Wir tun daher gut daran, uns des Werkes von 1919 mit einem gewissen Stolz zu erinnern; denn – lassen Sie mich das hier in aller Klarheit bezeugen – die Weimarer Reichsverfassung war ein Gesetzeswerk, das sich in seiner Qualität auch neben jüngeren europäischen Verfassungen, selbst neben dem Grundgesetz, durchaus sehen lassen kann. Wir haben keinen Grund, uns ihrer zu schämen oder sie auch nur verächtlich über die Schulter anzuschauen.

Gewiß enthielt sie manchen Gedanken nicht, den wir heute für unerläßlich, ja für selbstverständlich halten. Ich erinnere nur daran, daß die Weimarer Grundrechte dem Prinzip nach nicht für den Gesetzgeber galten, was wir heute für ein selbstverständliches Gebot der Rechtsstaatlichkeit halten. Und ich erinnere weiterhin daran, daß sich der Reichsstaatsgerichtshof auch nicht entfernt mit der heutigen Verfassungsgerichtsbarkeit und ihren Kontrollbefugnissen – gerade auch gegenüber dem Gesetzgeber – vergleichen läßt.

Insofern hatte Weimar im Vergleich zu Bonn also tatsächlich Defizite aufzuweisen; aber diese teilte es seinerzeit mit allen demokratischen Verfassungen, die es damals in Europa gab, und die Konsequenzen, die man später aus dieser Erkenntnis zog, sind ja auch bis heute nicht so allgemein anerkannt und so unumstritten, daß man daraus zu einem Unwerturteil über die Arbeit der Nationalversammlung kommen dürfte.

Selbst der Notstandsartikel der Weimarer Verfassung, der berüchtigte Artikel 48 Absatz 2, hätte beim Bestehen einer echten, wirksamen Verfassungsgerichtsbarkeit nicht jene Dimensionen annehmen können, zu denen es in der Staatspraxis gekommen ist. Er war gewiß von vornherein ein struktureller Fehler dieser Verfassung. Aber er war seinem Wortlaut und seiner ursprünglichen Intention nach doch wesentlich ungefährlicher, als er es in den Händen der beiden Weimarer Reichspräsidenten, insbesondere des zweiten, Hindenburgs, geworden ist, und eine funktionierende Verfassungsgerichtsbarkeit, wie wir sie kennen, hätte seiner Ausdehnung bis ins Unendliche ohne Zweifel entschiedene Grenzen gesetzt.

Ein wirklich struktureller Fehler war eigentlich nur die bewußte Wertneutralität der Weimarer Verfassung, die auch solche politische Bewegungen und solche Verfassungsänderungen hinzunehmen bereit war, die die Verfassung in ihr glattes Gegenteil verkehrten. Gewiß hätten sich die Nationalsozialisten in den Jahren 1933 und 1934 auch über ausdrücklich festgelegte Grenzen der Verfassungsänderung hinweggesetzt. Aber sie hätten dabei doch nicht den Schein der Legalität wahren können, sie hätten offen zugeben müssen, daß sie in Wirklichkeit eine Revolution durchführten, und das hätte – wiederum zusammen mit klaren verfassungsgerichtlichen Urteilen – vielleicht doch noch einzelne Mitläufer warnen, vor allem aber die 1933 durchaus noch vorhandenen Gegenkräfte besser mobilisieren und motivieren können, als es in Wirklichkeit der Fall war.

Aber das sind schon historische Spekulationen, die man zwar in einer Gedenkstunde wie der heutigen einmal wagen kann, die aber nicht Grundlage zur Beurteilung des ganzen Werkes von 1919 sein dürfen. 1919 war bei weitem noch nicht alles absehbar, was dann 1933 geschehen ist, und Urteile ex post sind immer mißlich, um nicht zu sagen beckmesserisch.

Deshalb rate ich auch zur Vorsicht in jenen Kritikpunkten, die der Weimarer Reichsverfassung noch heute fast in jeder Würdigung entgegengehalten werden. Nur zwei besonders wichtige will ich hier herausgreifen.

Daß die Verfassung von 1919 ein parlamentarisches Regierungssystem allerreinsten Wassers einrichtete, will auch ich nicht bestreiten. Diese Entscheidung führte, wie jedermann weiß, dazu, daß durch Mißtrauensvotum auch einzelne Minister aus einem Kabinett »herausgeschossen« werden konnten, und sie führte ferner dazu, daß ein Kanzler auch von heterogenen Mehrheiten gestürzt werden konnte, also von Mehrheiten, die weder willens noch imstande waren, einen neuen Kanzler in den Sattel zu setzen. Wir wissen alle, wie das Grundgesetz darauf reagiert: Ein Ministersturz ohne Kanzlersturz ist nicht mehr erlaubt, und auch ein Kanzlersturz ist nur durch die Wahl eines neuen Kanzlers möglich, das sogenannte konstruktive Mißtrauensvotum.

So weit, so gut. Ob aber in einem Staat, in dem die Regierung fast zu jeder Maßnahme ein Gesetz benötigt, und in einer Zeit, in der die wichtigsten Probleme auf internationalen Parketten gelöst werden, ein Kanzler, der seine parlamentarische Mehrheit verloren hat oder von vornherein gar keine hat, wirklich in besserer Lage ist als ein gestürzter Kanzler, der sein Amt nur noch »geschäftsführend« ausübt, das ist zumindest eine Frage, in der wir bisher keinerlei Erfahrung haben, und mich für meinen Teil verlangt es auch gar nicht danach, das praktisch zu erproben. Vielleicht würde sich dann nämlich herausstellen, daß die Antworten des Grundgesetzes doch nicht ganz so wirkungsvoll sind, wie wir uns das gelegentlich einreden.

Auch der Dualismus zwischen dem volksgewählten Reichstag und dem vom Volk gewählten Reichspräsidenten, der ebenfalls für das Scheitern der Weimarer Verfassung verantwortlich gemacht wird, mußte nicht von vornherein zu diesem Scheitern führen. Natürlich kann man monieren, daß Weimar in diesem Punkt noch allzusehr im Denken der kaum überwundenen konstitutionellen Monarchie befangen war und daß der Weimarer Reichspräsident, wie oft gesagt wird, im Grunde nur ein demokratisierter Kaiser war. Aber erstens gibt es auf der Welt noch heute – mit den USA an der Spitze – zahlreiche Staaten, in denen die Gewichte zwischen den Staatsgewalten ähnlich verteilt sind, wie es in der Weimarer Verfassung der Fall war, und zum anderen hatten ja auch die Verfassungen der konstitutionellen Monarchien mehr als 100 Jahre lang funktioniert – wenn man heute auch mit ihrer Politik nicht immer einverstanden sein mag.

Das verbreitete Urteil, daß die Weimarer Verfassung an ihren eigenen Strukturmängeln zugrunde gegangen sei, trifft also nicht zu, jedenfalls nicht nach meiner Ansicht, die ich natürlich noch weiter untermauern müßte, was aber hier wegen der Kürze der Zeit nicht möglich ist. Ich wiederhole es bewußt: Die Weimarer Verfassung war eine gute, wohlausgewogene Verfassung, deren man sich auch heute noch, drei Vierteljahrhunderte nach ihrem Inkrafttreten, mit Sympathie erinnern kann.

Warum ist sie dann aber zugrunde gegangen?

Was ist unter dem Grundgesetz so anders, daß es zur erfolgreichsten deutschen Verfassung werden konnte, während ihre Vorgängerin, die in vielen Punkten nicht schlechter war, zum Scheitern verurteilt war?

Die Antwort müssen wir, wenn meine These richtig ist, außerhalb der beiden Verfassungen suchen, und darauf möchte ich jetzt noch etwas näher eingehen, weil wir daraus auch Lehren für unser eigenes Verhalten und unsere eigene Verantwortung ziehen können. Wenn ich recht sehe, ist die Weimarer Republik an drei Problemen gescheitert:

1. Sie scheiterte an der außenpolitischen Isolation, in der sich Deutschland nach dem Ersten Weltkrieg befand und aus der sie im Ausland auch niemand – oder, um genau zu sein: fast niemand – zu befreien versuchte. Das ist heute grundlegend anders. Das heutige Deutschland ist in der Welt ein hochgeachteter Staat, und seine Schwierigkeit besteht augenblicklich eher darin, daß ihm seine Partner mehr Verantwortung zuschieben wollen, als viele unserer Mitbürger und manche Politiker sich wünschen.
2. Die Weimarer Republik scheiterte an ihrer wirtschaftlichen Lage, die – zunächst infolge des verlorenen Krieges und der ihr auferlegten Reparationsleistungen, gegen Ende aber auch infolge der Weltwirtschaftskrise – nur als bittere Not bezeichnet werden kann. Dem steht heute ein blü-

hendes Deutschland gegenüber, das zwar in gewaltigen Lasten aus Wiedervereinigung, Weltrezession und internationalen Verpflichtungen steckt, das aber gerade dabei ist, sich daraus wieder einigermaßen zu befreien. Ich verkenne die Probleme, die es noch zu überwinden gibt, gewiß nicht.

Aufs Ganze gesehen ist es aber einfach wahr, daß es den Deutschen – als Volk, nicht jedem einzelnen, aber als Volk – heute wirtschaftlich so gut geht, wie es ihnen – von ein paar privilegierten Schichten vielleicht abgesehen – in ihrer ganzen Geschichte noch nicht gegangen ist. Zu den Notzeiten der zwanziger und dreißiger Jahre ist jeder Vergleich unzulässig und, wo er dennoch angestellt wird, ist er einfach unredlich.

3. Vor allem aber hatte die Weimarer Republik zu keiner Zeit das ganze deutsche Volk oder auch nur seine Mehrheit auf ihrer Seite, insbesondere nicht seine politisch tragenden Schichten. Es trifft einfach zu, daß sie nicht zuwenig Demokratie, wohl aber zu wenige Demokraten hatte, auf die sie sich hätte verlassen können, und ich füge jetzt – ohne irgend jemandem Unrecht tun zu wollen – sehr pauschal hinzu, auch viele von den Demokraten, die es damals gab, waren nicht mutig und entschlossen genug, als es darum gegangen wäre, sich schützend vor die Verfassung zu stellen, ja schon früher, als es darum gegangen

wäre, aus dieser Verfassung etwas zu machen, was so attraktiv gewesen wäre, daß sich auch Zweifelnde und Gegner zu Demokraten hätten bekehren können.

Schon daraus lernen wir: Bonn ist nicht Weimar, und auch das vereinigte Deutschland ist es nicht. Zwar verändern sich Ostdeutschland und Westdeutschland seit der Vereinigung fast täglich, und es ist völlig offen, welche Züge die Mischung der Lebensgefühle schließlich annehmen wird. Aber gerade diese Offenheit ist ein Wesensmerkmal unserer Republik, die nunmehr auf zwei Beinen steht: Westdeutschland lieferte die erste erfolgreich erprobte Verfassung, Ostdeutschland die erste erfolgreiche demokratische Revolution.

Aber der »Ist-Zustand« einer Demokratie ist keine Existenzgarantie für die Zukunft. Nur wenn Wähler und Gewählte den »Soll-Zustand« ihrer Demokratie im Auge behalten, wird es ihnen gelingen, sie mit Leben zu erfüllen und dadurch ihre Existenz zu sichern. Ich möchte deswegen den heutigen Jahrestag nutzen, um auch etwas über den »Soll-Zustand« der Demokratie im vereinigten Deutschland zu sagen. Und zwar nicht zu den Punkten, die täglich auf dem Markt sind, sondern zu welchen, die mehr im Hintergrund, aber wichtiger sind.

Dazu gehört zunächst, daß die Funktionsfähigkeit der demokratischen Institutionen erhalten bleibt. Gewiß, die Grundrechte, der Rechtsstaat, der Sozialstaat und die Soziale Marktwirtschaft sind Werte, die die Väter des Grundgesetzes in der Tradition der Aufklärung um ihrer selbst und um der Menschen willen im Grundgesetz verankert haben. Wenn sie aber eines Tages nicht mehr halten, was die Bürger sich von ihnen versprechen, dann ist Gefahr im Verzug.

Ein Rechtsstaat, der in einer Gesetzesflut ertrinkt, verliert seinen ursprünglichen Bezug zur Gerechtigkeit. Eine Soziale Marktwirtschaft, bei der der Wettbewerb durch Dauersubventionen ausgehebelt wird, wird schließlich außerstande sein, dem Adjektiv »sozial« gerecht zu werden.

Ein Sozialstaat, der sich jenseits der Finanzierbarkeit aufbläht, setzt seine eigentliche Schutzfunktion aufs Spiel. Und Grundrechte, die der Bürger nur noch in seinem privaten Interesse und nicht auch im Blick auf seinen Nächsten und auf die Gemeinschaft ausübt, solche Grundrechte verkehren sich in ihr Gegenteil.

Denn der »Soll-Zustand« der Demokratie ist nicht nur Sache der Institutionen. Er geht auch den Bürger an. Politikverdrossenheit ist nicht die richtige Antwort auf den Streit der Parteien, übrigens auch nicht auf einzelne Mißgriffe. Wie gefährlich die verächtliche Abwendung von der Politik sein kann, hat die Geschichte der Weimarer Republik in trauriger Deutlichkeit gezeigt. Der Streit der

Parteien ist ein unverzichtbares Element der Demokratie, die ja nichts anderes ist als ein Wettbewerb der Ideen und damit infolgedessen ein Entdeckungsprozeß zur Lösung der Probleme des Gemeinwesens.

Es ist durchaus verständlich, daß manche Bürger sich von diesem Streit abgestoßen fühlen. Aber das bedeutet eben gerade nicht, daß sie sich damit ganz von der Politik abwenden können. Nicht Abwendung ist die richtige Reaktion, sondern Mitreden. Was im konkreten Fall das Gemeinwohl ist, das zu entscheiden, darf keiner Person und keiner Partei allein überlassen werden.

Und worauf es besonders ankommt, das ist das offene Bekenntnis der Bürger zu ihrem Staat und ihrer Verfassung – nicht nur in gelegentlichen Aufzügen und Demonstrationen, so wichtig das ist, sondern gerade auch im ständigen Bekenntnis des einzelnen, in seinem mutigen Eintreten dort, wo es am meisten nötig ist: in den zahllosen Diskussionen in der Familie und im Freundeskreis, am Arbeitsplatz, in Omnibussen und Eisenbahnen, ja selbst am Urlaubsstrand, das heißt überall dort, wo öffentliche Meinung ausnahmsweise nicht durch Journalisten und Funktionäre, sondern durch den Bürger selbst »gemacht« wird. Und das ist eine sehr kräftige Wurzel öffentlicher Meinung, wir erkennen es nur meist nicht.

Wir wissen nicht nur aus wissenschaftlichen Untersuchungen, sondern auch aus vielfacher, eigener Erfahrung, wie verheerend sich hier die »Spiralen des Schweigens« und wie segensreich sich die »Spiralen des Bekennens« und des Eintretens für die gute Sache auswirken können. Jeder, der sich hier bekennt, hat die Chance, einen anderen, der vielleicht ins Zweifeln geraten ist, für die gute Sache der Demokratie zu gewinnen, und jeder, der schweigt, läuft Gefahr, einen anderen für diese Sache zu verlieren.

Zu solchem Bekennen möchte ich unsere Mitbürger heute, am Gedenktag der unglücklichen Weimarer Reichsverfassung, in aller Form auffordern.

Ich weiß auch, daß man an unserem Grundgesetz, ähnlich wie an seiner unglücklicheren Vorgängerin, immer noch manches verbessern könnte. Ich weiß, daß es in unserer Gesellschaft, die unter dem Schirm dieser Verfassung lebt, noch viel zu verbessern gibt. Aber, so ist mit Recht oft gesagt worden, die Demokratie mag ja durchaus eine fehlerhafte Staatsform sein – die beste Staatsform, die es unter Menschen je gegeben hat, ist sie eben doch, und unter allen demokratischen und rechtsstaatlichen Verfassungen, die es auf dieser Welt gibt, ist das Grundgesetz zudem eine der besten, wenn nicht die beste überhaupt. Wir haben allen Grund, uns auf die Seite dieser Verfassung zu stellen und für sie mit aller Kraft einzutreten.

Ich wiederhole: Wir mögen unsere Probleme haben, und manch einer mag heute noch nicht sehen, wie wir sie bewältigen und wie wir nachher dastehen. Das will ich mit keinem Satz leugnen: Aber wir werden das alles besser bestehen und besser bewältigen, wenn wir uns unter unserer Verfassung sammeln.

Der Weimarer Verfassung hat es teils an den Demokraten, teils am Mut der Demokraten gefehlt, und außerdem ist sie vor 75 Jahren unter ungleich schwierigeren Voraussetzungen angetreten, als wir sie heute haben. Deshalb hat der freiheitliche, der demokratische Staat des Grundgesetzes eben auch erheblich größere Chancen des Erfolgs und größere Chancen, sich durchzusetzen.

Sorgen wir dafür, daß es nicht noch einmal am Mut der Demokraten fehlt.

5. Deutsche Interessen und deutsche Verantwortung

Deutsche Gesellschaft für Auswärtige Politik am 13. März 1995 in Bonn

In diesem Monat jährt sich zum 40. Mal die Gründung der Deutschen Gesellschaft für Auswärtige Politik. Zu diesem Jubiläum gratuliere ich von ganzem Herzen. Ich wünsche der Gesellschaft für ihre immer wichtiger werdende Arbeit weiterhin viel Erfolg hier in Bonn und in der Hauptstadt Berlin. Möge sich die Wirkung Ihrer Arbeit auf ganz Deutschland erstrecken und so dazu beitragen, daß allen Deutschen die Bedeutung der Frage klar wird: Was ist Außenpolitik, und was ist richtige deutsche Außenpolitik – in einer Zeit, die noch keinen Namen hat, in einem Europa, das immer größer, und in einer Welt, die immer kleiner wird?

Ich selbst bin auf einem Umweg zu Ihnen gekommen, weil ich zuerst Bundespräsident wurde und dann erst als Redner bei der Deutschen Gesellschaft für Auswärtige Politik erschienen bin. Das ist ein Fehler, wie ich beim Studium Ihrer Geschichte gemerkt habe. Meine Vorgänger Richard von Weizsäcker und vor allem Karl Carstens – dieser sogar als Direktor Ihres Forschungsinstituts – waren zuerst in der Gesellschaft für Auswärtige Politik tätig und wurden erst dann Bundespräsident. Wenn das Schule macht, so ist dann mein Nachfolger heute mitten unter uns, ohne daß wir ihn jetzt schon identifizieren könnten.

Sich die Erfahrungen der Deutschen Gesellschaft für Auswärtige Politik zunutze zu machen gehört also gewissermaßen zur Stellenbeschreibung jedes Bundespräsidenten. Sein verfassungsmäßiger Auftrag, Deutschland völkerrechtlich zu vertreten, schließt auch die Aufgabe ein, die Aufmerksamkeit der deutschen Öffentlichkeit auf eine wichtige Wechselwirkung zu lenken, nämlich auf die Chancen und Risiken, die von außen in unser Gemeinwesen hineinwirken und umgekehrt von diesem ins Ausland ausstrahlen. In einer Welt, in der die Grenzen der Nationalstaaten gewollt oder ungewollt immer durchlässiger werden, sind die Innenwirkungen der Außenpolitik ebenso unübersehbar wie die Außenwirkungen der Innenpolitik.

Ich will versuchen, diesen Wechselwirkungen durch drei Fragen auf die Spur zu kommen:

1. Wie hat sich das internationale System seit der Zeitenwende von 1989 verändert?
2. Welcher Handlungsbedarf und welche Handlungsmöglichkeiten ergeben sich daraus für die deutsche Außenpolitik?
3. Sind wir auf die neuen Herausforderungen vor-

bereitet? Welches geistige Rüstzeug und welche mentalen Haltungen brauchen wir im Innern, um dem außenpolitischen Handlungsbedarf zu genügen und alle gegebenen Möglichkeiten nutzen zu können?

Zur ersten Frage: Was hat die Zeitenwende uns gebracht? Einen Moment glaubten wir, sicher zu sein: Marktwirtschaft und Demokratie sofort und überall auf der Welt. Im Wettkampf der Ideologien hatte der Westen klar gesiegt. Fukuyama sprach sogar vom Ende der Geschichte.

Mittlerweile ist diese Gewißheit geschwunden. Das bipolare System existiert nicht mehr, aber eine neue Weltordnung ist auch nicht in Sicht. Man spricht fasziniert von Multipolarität, aber man ahnt, daß ein solches System im Nuklearzeitalter höhere Risiken mit sich bringen kann als das ziemlich stabile Gleichgewicht der Abschreckung zwischen den beiden früheren Großmächten. Dabei sind die drohenden Instabilitäten nicht nur strategischer Natur. Soziale, ökologische und kulturelle Ungleichgewichte erscheinen als zusätzliche Sicherheitsrisiken, die den militärischen an Gefährlichkeit langfristig kaum nachstehen. Die Liste dieser Risiken ist mittlerweile hinlänglich bekannt: Bevölkerungsexplosion, Klimaveränderungen, Armutswanderungen, Atomschmuggel, Drogenhandel, Fundamentalismen jeder Couleur, Völkermorde, Zerfall staatlicher Ordnungen. Die neue Zeitschrift Ihrer Gesellschaft widmet diesen »neuen Risiken«, gegen die es keine Abschreckung gibt, ein ganzes Heft.

Fukuyamas Prognose erweist sich also als falsch. Plötzlich haben wir wieder Geschichte im Überfluß. Und dann kommen natürlich apokalyptische Szenarien hoch. Sie reichen von Samuel Huntingtons »Kampf der Zivilisationen« bis zu Norman Stones Rückfall in das mittelalterliche Zeitalter der Bettler, der Seuchen, der Feuersbrünste und des Aberglaubens. Solche Szenarien sind viel zu primitiv, als daß sie richtig sein könnten. Ihre Gefährlichkeit besteht aber darin, daß sie sich im Denken der Eliten festsetzen und als »self-fulfilling prophecies« selbst zu neuen Sicherheitsrisiken werden könnten.

Vor wohlfeilem Pessimismus dieser Art zu warnen heißt nicht, einer Vogel-Strauß-Haltung das Wort zu reden. Wir tun nur gut daran, weder den nordatlantischen Westen noch die Europäische Union, noch das vereinigte Deutschland oder gar die alte Bundesrepublik als Inseln der Seligen zu betrachten, deren Gemütlichkeit wir durch besonders inbrünstige Verdrängung der Turbulenzen in der Außenwelt als gesicherten Besitzstand bewahren könnten. Welche Gestalt das 21. Jahrhundert schließlich erhalten wird, wissen wir noch nicht, und sie wird auch nicht von uns allein abhängen. Aber eines ist gewiß: In einer kleiner werdenden Welt, in der Chancen und Risiken sich gleichermaßen globalisieren können, wird auch die Globalisierung der deutschen Außenpolitik unvermeidlich sein.

Meine Empfehlung ist also, sich weder in schwarzseherischem Realismus noch in träumerischem Idealismus zu ergehen, sondern sich mit dem gebotenen Pragmatismus der zweiten Frage zuzuwenden, nämlich der Frage: »Was ist zu tun?«

Das Ende des Trittbrettfahrens ist erreicht. Deutschland gehört zum Konzert der großen Demokratien, ob es will oder nicht. Und wenn eine dieser Demokratien beiseite steht, schadet sie unweigerlich nicht nur den anderen – sondern letztlich auch sich selbst. Auf erkannte Risiken sollte man nicht reagieren, indem man wartet, bis ihr Eintritt beweisbar ist; denn dann ist es für die Vorbeugung meist zu spät. Vorbeugung ist auch hier besser als Schadensbegrenzung. Immer deutlicher sehen wir, daß risikoscheues Nichthandeln auf die Dauer risikoreicher sein kann als risikobereites Handeln.

Und ebenso richtig ist: Wenn wir den Risiken nicht vor Ort begegnen, kommen sie zu uns. Gegen die Risiken der Bevölkerungsexplosion, des Fundamentalismus, der Migration, des Drogenhandels und gegen die anderen Armutsfolgen helfen nur soziale und wirtschaftliche Antworten. »Wohlstand für alle« oder doch zumindest die begründete Hoffnung auf Arbeit und Einkommen, auf wirtschaftliches Wachstum im globalen Maßstab sind die Voraussetzungen zur Erhaltung des Weltfriedens. Ein Weltsozialgipfel, wie er gerade in Kopenhagen stattgefunden hat, ist deswegen in einem sehr realistischen Sinne ein Weltfriedensgipfel. Man mag mit seinen Ergebnissen unzufrieden sein. Aber François Mitterand hatte recht, als er sagte, es sei schon ein großer Fortschritt, daß soziale Fragen überhaupt zum Gegenstand eines solchen Gipfels geworden seien, und die Welthandelsorganisation, die vor 50 Jahren noch nicht konsensfähig war, aber jetzt in Marrakesch beschlossen wurde, kann eine wesentliche Voraussetzung für globalisierten Wohlstandsgewinn werden.

Daß mit der Integration der Weltwirtschaft erhöhter Wettbewerb und oft schmerzhafte Anpassungslasten für die traditionellen Industrieländer einhergehen, liegt auf der Hand. Aber es wäre eine Ironie der Geschichte, wenn ausgerechnet die Regierungen und Unternehmer Europas die beste Lektion ihrer eigenen Nachkriegsgeschichte in dem Moment vergessen würden, in dem der Rest der Welt beginnt, sie ebenfalls zu lernen.

Ganz offensichtlich fördert diese Lektion auch die Einsicht in die Vorzüge friedlicher Lösungen politischer Konflikte. Die Ansätze zur Überwindung rassischer Gegensätze in Südafrika und religiöser Gegensätze im Nahen Osten zeigen, daß »soft power«, das heißt die Lösung von Problemen durch Intelligenz, oft mehr vermag als »hard power«, die nur in Bevölkerungszahlen, Territorien, Flotten und Armeen denkt.

Natürlich können auch wir nicht ganz auf »hard power« verzichten. Wir brauchen sie, um gegenüber Völkermord, Aggressionen und Erpressungen gewappnet zu sein. Wir müssen in solchen Fällen auch bereit sein, militärische Macht einzusetzen, wenn alle anderen Mittel versagt haben. Ebenso wahr ist aber auch, daß militärische Einsätze kein Allheilmittel sind und daß sie auch nicht im Vordergrund unseres Denkens stehen dürfen. Das hat der Fall Somalia deutlich gemacht. Er sollte sich nicht wiederholen.

Selbst wenn der Friedensprozeß im Nahen Osten und die Überwindung der Apartheid in Südafrika neben den unsäglichen Konflikten in Jugoslawien, im Kaukasus, in Somalia oder in Ruanda eher als Ausnahmen erscheinen, so bleiben sie doch für uns als Handlungsmodell maßgeblich. Wenn die selbsternannten Kriegsherren, die ethnischen Säuberer oder die fundamentalistischen Prediger des Hasses noch nicht begriffen haben, daß sie durch den Zyklus der Gewalt nur verlieren können, so heißt das nicht, daß die ganze Welt den gleichen Irrtum begehen muß.

Wenn es richtig ist, daß Demokratien untereinander nie oder zumindest selten Krieg führen, dann ist auch die weltweite Förderung der Demokratie ein Muster vorbeugender Sicherheitspolitik. Noch ist die Globalisierung der Demokratie nicht so weit fortgeschritten wie die der Marktwirtschaft, und zweifellos ist insoweit behutsames und pragmatisches Vorgehen geboten. Aber immerhin werden von den 191 Ländern der Welt mittlerweile 114 mehr oder weniger demokratisch regiert. Mit anderen Worten, wir sind ein gutes Stück vorangekommen, und es lohnt sich, auf diesem Wege weiterzumachen.

Das macht deutlich, daß wir bei meiner Frage »Was ist zu tun?« gar nicht unbedingt in die gedankliche Ferne schweifen müssen. Das Gute liegt durchaus nahe. Eines der Erfolgsgeheimnisse der 40jährigen »Bonner Republik« in Europa, im Nordatlantischen Bündnis, in der Dritten Welt und schließlich auch im Osten war stets die werbende Wirkung unseres wirtschafts- und gesellschaftspolitischen Modells. Nicht nur die professionelle Diplomatie, sondern auch die politischen Stiftungen, die Unternehmen und Wirtschaftsverbände und schließlich die kulturellen Einrichtungen und wissenschaftlichen Institutionen haben diese Muster als Politikangebot zur Diskussion gestellt und sind immer wieder auf beachtliches Interesse gestoßen. Durch Berufsausbildung und Stipendien für Ausländer haben wir nicht nur praktische Hilfe geleistet und den Absatz deutscher Exporte gefördert. Wir haben dadurch auch Vertrauen geschaffen und Freunde gewonnen. Das ist vorausschauendes Handeln, Sicherheitspolitik durch »soft power«.

All dies geschah, wie Sie wissen, stets in engster Partnerschaft mit den USA und wäre ohne die feste Verankerung der Bundesrepublik im Westen gar nicht möglich gewesen. Bei dieser westlichen Verankerung muß es auch bleiben, nachdem der Ost-West-Konflikt beendet ist. Die westlichen Werte brauchen zu ihrer Bewährung nicht etwa der sichtbaren Bedrohung durch den äußeren Feind. Freiheit und Gerechtigkeit gelten seit Aristoteles aus sich selbst heraus. Wir brauchen daher nicht weniger Partnerschaft mit den USA, sondern mehr, nicht weniger Integration in den Westen, sondern mehr.

Ich stelle aber die Frage: Entsprechen unsere internationalen Konfliktlösungsinstrumente, z. B. Sicherheitsrat und NATO, noch den neuen Herausforderungen? Und: Welche Folgen hat ein solches neues Sicherheitsverständnis auf die Frage unserer Mitgliedschaft im Sicherheitsrat? Weder Einsätze der Bundeswehr noch ein Sitz im Sicherheitsrat dürfen für Deutschland Statusfragen sein. Es muß uns um die Substanz der Probleme gehen. Der wirtschaftspolitische und moralische Einfluß Deutschlands im multilateralen Konzert wird immer stärker und wirksamer sein als das militärische Potential der Bundeswehr. Beides haben wir aber – wenn unumgänglich – im Interesse des internationalen

Friedens einzusetzen. Die Qualität unseres Engagements muß unserem gewachsenen Gewicht entsprechen, sonst nimmt uns in der Welt auf die Dauer niemand mehr ernst. Dazu gehört, daß wir daran mitarbeiten, die gegenwärtige Spannung zwischen Globalisierung und Fragmentierung, zwischen weltumspannenden Netzwerken und Anarchie aufzulösen und die Vereinten Nationen zu einem echten politischen System zu entwickeln, das solche Ziele definieren und durchsetzen kann, die nur global definierbar und durchsetzbar sind. Es genügt auch nicht, nur darauf hinzuweisen, was alles die Vereinten Nationen in den vergangenen Jahren nicht geschafft haben. Vieles haben sie eben doch geschafft und das ist m. E. Anlaß genug, sich ernstlich an ihrer Reform zu beteiligen.

Ähnliches gilt für das zukünftige Rollenverständnis des Atlantischen Bündnisses. Nostalgie ist keine geeignete Sicherheitspolitik. Wellington mag nach seinem Sieg von Waterloo noch gesagt haben: »Nächst einer verlorenen Schlacht verursacht fast nur eines ebensoviel Elend: eine gewonnene Schlacht.« Die NATO kann sich diese Betrachtungsweise nach ihrem Erfolg im Kalten Krieg nicht lange leisten. Wenn wir die Chance dieses Erfolges nutzen wollen, müssen wir die Atlantische Gemeinschaft, wie Henry Kissinger sagt, neu begründen. Auch für sie hat sich das Bedrohungsszenario gewandelt, liegen die Risiken nicht mehr nur im militärischen Bereich. Auch sie muß »soft power« entwickeln. Das sollte ihr nicht schwerfallen, weil sie sich bereits in ihren Statuten als Wertegemeinschaft und politisches Bündnis definiert hat. Daran erinnert zu haben und das Bündnis auf diesen neuen Kurs eingeschworen zu haben ist ein Verdienst von Manfred Wörner, das ich hier ausdrücklich noch einmal würdigen möchte. Wenn dieses Werk gelingt, wird die NATO das einzige Bündnis auf der Welt sein, das in der Lage ist, auf der ganzen Skala des Einsatzes von »soft power« und »hard power« integriert zu handeln.

Auf die Qualität des Politikangebots wird es schließlich auch bei der Gestaltung der Europäischen Union ankommen. Jeder weiß, wie schwer es den politischen Eliten der Hauptstädte Europas fällt, ihre Denkmuster zu verändern. Jeder weiß, daß mit diesen Denkmustern auch immer ein Stück Einfluß auf das kollektive nationale Bewußtsein verbunden ist. Jeder weiß schließlich, daß der Wettbewerb der nationalen Hauptstädte um Einfluß auf Brüssel manchmal auch ein Wettbewerb der nationalen Eitelkeiten ist. Jeder muß aber auch bedenken, daß die Bevölkerungen diese Spiele kaum noch verstehen und deswegen in der Gefahr stehen, sich von Brüssel abzuwenden. Jeder muß überdies, um ein besonders gravierendes außenpolitisches Beispiel zu nennen, wissen, daß ein Fall wie Jugoslawien nicht noch einmal vorkommen darf, wenn Europa sich nicht aus der Weltpolitik verabschieden will. Ich glaube dennoch, oder gerade deswegen, daß der einzige Weg in die europäische Zukunft das immer wieder neue Werben für sachliche Lösungen gemeinsamer Probleme im europäischen Rahmen ist.

Das beste deutsche Politikangebot für die politische Union Europas sind der Föderalismus und das Prinzip der Subsidiarität. Bieten wir sie geduldig an, bis unsere britischen Freunde erkannt haben, daß Föderalismus das Gegenteil von Zentralismus ist, und bis unsere französischen Freunde ein Gefühl dafür entwickeln, daß auch Vaterländer sich in einer Föderation zusammenfinden und dennoch Vaterländer bleiben können.

Mit ähnlicher Geduld sollten wir fortfahren, für die Einsicht zu werben, daß Erweiterung und Vertiefung der Europäischen Union sich nicht ausschließen. In der Geschichte der europäischen Einigung hat noch jede Erweiterung der Gemeinschaft zu einer Vertiefung des Einigungsprozesses geführt. So wird es auch in Zukunft bleiben.

Wenn wir den Osten nicht stabilisieren, destabilisiert der Osten uns. Auch bei unseren französischen Freunden beginnt diese Logik offensichtlich auf Verständnis zu stoßen, denn inzwischen müssen sie sich an der Südflanke Europas mit einer ganz ähnlichen Herausforderung auseinandersetzen. Die Sicherheit Europas ist aber unteilbar. Osteuropäische Instabilität bedroht auch Frankreich, mediterrane auch Deutschland. Im Zeitalter der Globalisierung von Risiken verliert die Geographie überhaupt an Bedeutung.

Die europäische Integration war stets ein dynamischer Prozeß. Das macht sie zu einem besonders wirksamen Instrument der Stabilisierung. Schon Verhandlungen mit Beitrittskandidaten und deren allmähliche Vorbereitung auf die zukünftige Mitgliedschaft wirken wirtschaftlich und politisch stabilisierend. Das ist ein Aspekt, der das europäische Einigungswerk von einem militärischen Bündnis unterscheidet. Die Diskussion über die Osterweiterung der NATO bedarf mit Rücksicht auf Rußland großer Behutsamkeit. Allzuleicht gleitet sie in das gegenseitige Abstecken von Einflußsphären unter dem Vorwand neuer Bedrohungsszenarien ab. Um so wichtiger ist deshalb die vorauseilende Stabilisierung Osteuropas durch die Perspektive der Osterweiterung der Europäischen Union. Mir scheint, daß es beiden Erweiterungsprozessen durchaus guttun würde, wenn man sie nicht zu dogmatisch aneinander koppeln würde.

Ein Teil der Vorbehalte gegen die Erweiterung der europäischen Union hängt mit der Furcht vor ausufernden Kosten zusammen, und diese Furcht ist verständlich. In der Tat wird man die europäischen Strukturanpassungsprogramme aus der Zeit vor 1989 nicht einfach nach bisherigem Schema auf Osteuropa anwenden können. Die Mittel dafür wären kaum aufzubringen. Viele der neuen Aufgaben im Osten werden also durch neue Ideen erfüllt oder durch Einsparungen im Westen finanziert werden müssen. Das ist auf europäischer Ebene nicht anders als auf deutscher.

Aber gestehen wir uns doch auch ein: Mancher Subventionstopf, manches teure Programm aus der Anfangszeit der alten EG bedarf ohnehin seit langem der grundsätzlichen Überprüfung. Die Osterweiterung der Europäischen Union wäre so nicht nur ein Treibsatz zu ihrer Vertiefung, sondern darüber hinaus auch noch zur Erhöhung der Effizienz ihrer Programme. Ich schlage also vor, aus der europäischen Doppelstrategie »Erweiterung und Vertiefung« eine dreifache zu machen: »Erweiterung, Vertiefung *und* Verschlankung.«

Die Bürger würden es Brüssel danken. Und sie wären ihrerseits leichter für europäisches Engagement zu gewinnen.

Das ist auch schon das Stichwort für meine dritte Frage, nämlich die Frage nach dem geistigen Rüstzeug und den mentalen Voraussetzungen für unser außenpolitisches Handeln.

Zur Zeit liest man wieder viel über den Gegensatz von Interessenpolitik und Verantwortungspolitik. Realisten, so das Schema, betreiben Interessenpolitik, Idealisten Verantwortungspolitik. Die Amerikaner leisten sich diesen Streit schon seit über 200 Jahren, nämlich seit Thomas Jeffersons und Alexander Hamiltons Zeiten. Aber sie *können* ihn sich leisten, weil sie schon immer über eine nationale Tugend verfügten, um die wir Deutschen uns erst noch bemühen müssen, nämlich den Pragmatismus.

Gleichwohl gilt: Unmoralische Politik ist nicht Realpolitik, sondern schlechte Politik. Der Gegensatz zwischen Interesse und Verantwortung besteht nicht, jedenfalls nicht unter den Bedingungen des heutigen internationalen Systems.

Wirtschaftliche Interdependenz, globale Umweltrisiken und neue transnationale Sicherheitsbedrohungen machen die internationale Staatengemeinschaft zu einer Interessengemeinschaft, ob sie es will oder nicht. Kein Staat kann auf Dauer eigene Interessen auf Kosten des anderen verfolgen, ohne schließlich selbst darunter zu leiden.

Das führt zu einer weiteren Frage: Was sind eigentlich deutsche Interessen?

Deutsche Interessen, das sind zunächst unsere unmittelbaren nationalen Interessen wie Sicherheit und Bewahrung von Wohlstand. Es hat keinen Sinn, das verschweigen zu wollen. Unsere Partner würden uns ohnehin nicht glauben, daß wir nur internationalen Altruismus im Schilde führen. Ganz besonders verlangt es die Wahrhaftigkeit zuzugeben, daß wir auch deshalb für weltweite Freiheit des Handels eintreten, weil das in unserem eigenen Interesse liegt.

Aber dabei kann es nicht bleiben, so wahr wir nicht allein auf der Welt sind. Deutschen Interessen entspricht es beispielsweise auch,

- weiter zur Verbreitung der Demokratie in allen Teilen der Welt beizutragen,
- am Ausbau der Vereinten Nationen zu einem echten politischen System mitzuwirken,
- das Atlantische Bündnis auf eine neue Grundlage zu stellen und
- das europäische Einigungswerk zu vollenden.

Deutsche Interessen und deutsche Mitverantwortung für die Weltgemeinschaft decken sich also weithin. Und wenn wir nicht Objekt der weltpolitischen Entwicklung werden wollen, müssen wir als Subjekt der Weltinnenpolitik handeln.

Diese Interessen anzuerkennen heißt natürlich auch, die Folgen daraus ehrlich zuzugeben, also zum Beispiel, daß dafür materielle Lasten übernommen werden müssen; daß aber das Scheckbuch nicht immer ausreicht, sondern daß möglicherweise auch einmal der Einsatz von Leib und Leben gefordert ist. Dazu gehört aber auch, daß es in Fragen von nationaler Bedeutung kein parteipolitisches Klein-Klein geben darf und daß darüber nicht nach Kassenlage, nach dem politischen Meinungsbarometer, auf Parteitagen oder durch Gerichte entschieden werden kann.

Das alles bedeutet nicht, daß jetzt wieder einmal am deutschen Wesen die Welt genesen soll. Vieles mag sich ändern. Nicht ändern werden sich aber die Grundkoordinaten deutscher Politik: unsere Geschichte mit ihren Belastungen, unsere geographische Lage und daraus folgend Eigenschaften deutscher Außenpolitik, die in der »Berliner Republik« ebenso gelten müssen wie in der »Bonner Republik«: maßvolles Auftreten, Berechenbarkeit, Dialogfähigkeit, Kompromißbereitschaft. Worauf wir verzichten können, ist Besserwisserei und moralisierendes Backenaufblasen. Wir sollten uns nicht wichtiger nehmen, als wir sind, aber wir sollten uns auch nicht kleiner machen, als wir sind. Auch das wäre falsch und könnte von den Nachbarn mißverstanden werden. Wir brauchen eine Außenpolitik ohne Zähnefletschen und Tschingdarassabum, aber auch ohne Verkrampfungen.

Woran die Staatengemeinschaft, das Atlantische Bündnis und unsere europäischen Partner interessiert sind, ist das, was Deutschland der jeweiligen Gemeinschaft zu bieten hat. Und das ist beileibe nicht nur deutsches Geld. Es ist auch unser Politikangebot, es sind auch unsere Erfahrungen und unsere Problemlösungen.

Dazu gehört die Einsicht,

- daß es in der Außenpolitik mitunter nützlicher ist, Partner zu gewinnen als Auseinandersetzungen,
- daß es wichtiger sein kann, auf die Würde anderer zu achten, als auf die eigene zu pochen,

- daß es manchmal wirksamer ist, recht zu geben als recht zu behalten.

Eines ist jedoch auch sicher: Außenpolitik in einer unübersichtlich gewordenen Welt erfordert Lernfähigkeit und Lernbereitschaft. Wir müssen unsere Kenntnisse unablässig vertiefen. Wir brauchen eine Quantität von Analyse, die wir noch nicht haben. Die neuen Chancen und Risiken verlangen nach einem neuen Know-how, das die klassische Außenpolitik allein nicht bietet. Die alten Antworten und Instrumente stimmen zum Teil nicht mehr. Wir brauchen auch wirtschaftliche, wissenschaftliche und kulturelle Produktionsquellen für ein neues Know-how.

Vor allem brauchen wir neue Akzente in der auswärtigen Kulturpolitik. Größer und stärker zu werden bedeutet noch nicht automatisch, auch Sympathie und Freunde in der Welt zu gewinnen. Das Gegenteil kann der Fall sein. Je weitreichender deutsche Entscheidungen sind, je mehr mit Interesse darauf gesehen wird, wie wir uns verhalten, desto mehr müssen wir weltweit über uns und unsere Politik informieren. Wir brauchen aktive Sympathiewerbung für Deutschland im Ausland. Das ist nicht nur eine Grundvoraussetzung für unsere Außenpolitik, sondern auch für weltweite Wirtschafts- und Handelsbeziehungen. Deshalb ist das nicht nur eine Aufgabe der Politik und der Kulturinstitutionen, sondern auch der deutschen Wirtschaft. Auch sie sollte sich diesem globalen Anspruch stellen.

Wir befinden uns am Beginn einer neuen Phase deutscher Außenpolitik, die ich die Globalisierung deutscher Außenpolitik genannt habe. Wir in Deutschland sind erst noch dabei, dazu eine außenpolitische Kultur zu entwickeln. In dieser Phase gibt es noch viel mehr Fragen als Antworten. Einige dieser Fragen, die weiterdiskutiert werden sollten, will ich zum Abschluß nennen und sie der Deutschen Gesellschaft für Auswärtige Politik gewissermaßen ans Herz legen:

1. Der Wegfall der Blöcke führt dazu, daß wir mehr Wissen über mehr Staaten brauchen. Aber auch mit dem Wissen über Staaten können wir uns nicht begnügen, denn schon sind transnationale, nicht staatliche Akteure dabei, globale Realitäten zu schaffen. So stellt sich etwa die Frage, ob wir multinationale Unternehmen und global orientierte Kapitalfonds nur als Herausforderung für größere Anstrengungen zu ihrer Kontrolle betrachten sollen oder ob wir sie auch als Partner globaler Wirtschaftsentwicklung und damit Friedenssicherung gewinnen sollen.
2. Wir erleben in einigen Weltregionen erfreuliche wirtschaftliche Entwicklungen. Wie aber schaffen wir es, daß es nicht zu Marginalisierungen in anderen Bereichen kommt? Weltfrieden gibt es nur global. Ich sehe zum Beispiel mit Sorge, daß

in unserer Öffentlichkeit eine gefährliche Resignation in der Entwicklungspolitik einzukehren droht. Auch wenn Rückschläge und Frustrationen nicht zu leugnen sind: Die frühere Dritte Welt gibt es nach wie vor, und sie braucht unsere Hilfe. Hilfe zur Selbsthilfe hat dort nichts von ihrer Aktualität verloren.

3. Einen großen Bedarf an Differenzierung sehe ich beim Szenario der grenzüberschreitenden kulturellen Spannungen. Können wir es uns erlauben, den Islam nur als fundamentalistische Herausforderung zu betrachten? Welche Chancen bietet der aufgeklärte Islam Bosniens, Malaysias oder Indonesiens? Machen wir uns überhaupt ausreichend klar, daß nach der Bevölkerungszahl Indonesien das größte islamische Land der Welt ist, und machen wir uns hinreichend klar, was sich in dieser Frage in den südlichen GUS-Staaten tut?
4. Gibt es nicht auch in der Menschenrechtspolitik einen Bedarf an Differenzierung? Dürfen wir unser europäisches Menschenrechtsverständnis vollständig jedem anderen Staat und jeder anderen Kultur aufzwingen? Wo genau liegt hier die Grenze zwischen universaler Zivilisation und kulturellem Pluralismus? Beim Leben und dem Verbot der Folter ist das klar. Gilt es aber – beispielsweise – auch für die Freizügigkeit, wenn diese nur zur Bildung von Slums führt? Wie weit geht

also der ethische Kern, der allen Kulturen gemeinsam sein muß, und wo beginnt der Bereich, in dem man jeder Kultur die eigene Gewichtung und Prioritätensetzung überlassen muß?

5. Wie schaffen wir es, die Möglichkeiten neuer weltumspannender Informationstechnologien zu kultureller Kreativität zu nutzen und nicht zum Versuch der Ausübung kultureller Hegemonien?
6. Weit offene Fragen gibt es nicht nur auf der globalen Ebene, sondern auch auf der des Atlantischen Bündnisses und der Europäischen Union. Daß das Bündnis, so wie wir uns seine Entwicklung wünschen, ein Kernelement der neuen Weltordnung sein wird, kann keinem Zweifel unterliegen. Aber wie gestalten wir seine Beziehungen zu den Vereinten Nationen? Wie weit müssen wir hier Arbeitsteilung und Koordinierung systematisieren? Wie flexibel muß sie andererseits bleiben? Diese Fragen sind des Schweißes der Edlen wert, zumal sie kaum Aufschub dulden. Jugoslawien zeigt es uns in aller Dringlichkeit.
7. Das gleiche gilt für die Fortsetzung des europäischen Einigungswerks. Wenn es richtig ist, daß das Ziel nicht ein Europa der einfachen Modelle sein kann, weder ein kontinentaler Einheitsstaat noch die Vereinigten Staaten von Europa nach amerikanischem Vorbild, wo suchen wir dann

unsere Analogien? Mit Bundesstaat und Staatenbund kommen wir m. E. auch nicht sehr weit. Können wir dann etwas aus der komplexen, aber vergleichsweise friedlichen Geschichte des Heiligen Römischen Reiches lernen oder – was mir näher liegt – aus der pragmatischen Erfahrung des britischen Commonwealth? Brauchen wir überhaupt ein historisches Leitbild, oder ist der bisherige Schleier der Ungewißheit ein durchaus funktionaler Ansporn für die Erweiterung und Vertiefung der Union? Wo ziehen wir die Grenze zwischen der gefährlichen Sprachlosigkeit, unter der Maastricht litt, und der Gefahr des Zerredens und der dogmatischen Überdefinition, die sich bei uns so leicht einstellt und die das Einigungswerk ebensogut im Keime erstikken könnte?

8. Wie gewinnen wir unsere Bürger für die neue Außenpolitik? Eines ist sicher: Im Stil der Kabinettspolitik des 19. Jahrhunderts werden wir Außenpolitik in Zukunft nicht mehr führen können. Sie muß öffentlich und demokratisch mehrheitsfähig sein. Sie bedarf der politischen Führung, aber nicht nur durch die Exekutive. Außenpolitik muß wieder im Parlament diskutiert werden. Wir müssen also auch in der Außenpolitik wieder eine demokratische Streitkultur entwickeln, wie wir sie in den 50er Jahren bereits einmal hatten. Nur so erleben die Bürger

sie als etwas, was sie persönlich angeht. Nur so erkennen die Bürger, daß nicht nur die Innenpolitik, sondern auch die Außenpolitik ihr Schicksal ist. Nach wie vor gilt in Deutschland ja, daß Wähler mit innenpolitischen Themen gewonnen werden. Müßte es in einer Zeit der Globalisierung nicht gerade umgekehrt sein?

Mit der herzlichen Bitte an die Deutsche Gesellschaft für Auswärtige Politik, sich zum Förderer dieser mentalen Innovation in Regierung, Parlament und Bevölkerung zu machen, möchte ich schließen. Mobilisieren Sie Ihre analytische Kapazität, nutzen Sie Ihr institutionelles Gedächtnis, schaffen Sie Vertrauen durch Ihre internationalen Netzwerke, öffnen Sie Ihr Forum für fairen Dialog. Konrad Adenauer hat es bereits vor 40 Jahren bei der Gründung dieser Gesellschaft gesagt, ich zitiere: »Es ist Aufgabe dieser Gesellschaft, dem deutschen Volk das Verständnis für die Bedeutung der Außenpolitik und für die großen weltpolitischen Fragen zu vertiefen.« Dieser Auftrag ist so aktuell wie eh und je. Ich habe ihm nichts hinzuzufügen.

6. Ein Vergessen kann und darf es nicht geben

Israelischer Council on Foreign Relations am 7. Dezember 1994 in Jerusalem

Lassen Sie mich zu Beginn sagen, daß ich es als eine besondere Ehre betrachte, vom renommierten israelischen Council on Foreign Relations eingeladen zu sein und eine kurze Rede halten zu können. Ich bedauere es, der hebräischen Sprache nicht mächtig zu sein, um Ihnen meine Gedanken unmittelbar nahebringen zu können.

Meine Reise, die mich in einer für Israel und die gesamte Region bewegenden Zeit hierher geführt hat, ist der erste Besuch Ihres Landes als Präsident der Bundesrepublik Deutschland. Es ist auch – und dies ist so gewollt – der erste Besuch, den ich einem Land außerhalb Europas abstatte. Aber es ist nicht mein erster Aufenthalt in Ihrem Land. Bereits 1980 hatte ich Gelegenheit, mich mit Israel und seinen Bürgern vertraut zu machen. Ich freue mich, daß ich mit meinem jetzigen Besuch die Gelegenheit erhalte, die Verbundenheit Deutschlands mit Israel erneut und an hervorgehobener Stelle zum Ausdruck zu bringen.

Die Beziehungen Deutschlands zu Israel tragen für uns einen besonderen Charakter. Auch mehr als 60 Jahre nach Beginn der nationalsozialistischen Schreckensherrschaft ist das unfaßbare Leid, das dem jüdischen Volk von Deutschen angetan worden ist, nicht vergessen. Die Erinnerung an die Millionen Opfer und an die grausamen und menschenverachtenden Taten ist unauslöschlich. Niemand, der Yad Vashem auch nur einmal besucht hat, kann sich dem entziehen.

Ein Vergessen kann und darf es nicht geben. Das düsterste Kapitel unserer Geschichte nicht zu verdrängen, vor allem aber die Lehren daraus zu beherzigen bleibt Verantwortung und Verpflichtung aller Deutschen, auch und gerade der nachwachsenden Generation.

Im kommenden Jahr wird sich das Kriegsende zum fünfzigsten Mal jähren. Für die meisten meiner Landsleute waren die Jahre nach Kriegsende geprägt durch den wirtschaftlichen Wiederaufbau und den Aufbau demokratischer, rechtsstaatlicher Strukturen, freilich auch durch die schmerzliche Erfahrung einer scheinbar unvermeidlichen Auseinanderentwicklung der beiden, unterschiedlichen Weltordnungen zugehörigen deutschen Staaten. In den letzten fünf Jahren aber wurden wir Zeugen eines atemberaubenden Wandels, der die politischen Fundamente einer ganzen Hemisphäre zu Fall brachte, eines Wandels, der schließlich auch die Wiedervereinigung Deutschlands bewirkte.

Deutschland hat in der entscheidendsten Phase seiner Nachkriegsgeschichte viel Unterstützung erfahren und ist hierfür dankbar. Die Wiedervereinigung hat hier und dort aber auch Argwohn geweckt, wir könnten auf alte wilhelminische Pfade zurückkehren, aus der Westbindung ausscheren und unser Heil in Sonderwegen suchen. Nichts von all dem ist geschehen und wird geschehen.

Henry Kissinger bringt es in seinem 1992 erschienenen Buch »Die sechs Säulen der Weltordnung« (englisch: »The seven pillars of wisdom«) auf den Punkt, wenn er schreibt: »Stets hatte Deutschland auf seiner Mittellage zwischen dem Westen und dem Osten beharrt und seinen Sonderweg betont, der dem Koloß in der Mitte des Kontinents sein Zwielichtiges, mitunter Gefährliches, Unwägbares und Bedrohliches gegeben hat. Aber dieses alte Deutschland ist in den Stürmen und Katastrophen dieses Jahrhunderts offensichtlich für immer untergegangen; das Land zwischen Rhein und Oder hat sich für dauernd dem Westen zugewendet, dem, was man in Deutschland immer wieder die westliche Wertegemeinschaft nannte.«

Das entspricht den Tatsachen. Natürlich können wir nicht leugnen, daß das wiedervereinigte Deutschland in Europa nach Bevölkerung und Sozialprodukt ein anderes Gewicht hat als seine beiden Teile vor der Vereinigung und daß auch seine Verantwortung in der Weltpolitik zunehmen wird. Daraus ergibt sich aber nur, daß es das vereinte Deutschland der internationalen Staatengemeinschaft, aber auch sich selbst schuldig ist, seinen geistigen Standort in dieser gewandelten Welt zu bestimmen. Es muß, daran kann nicht der geringste Zweifel bestehen, der Standort des Friedens und der Freiheit, der Verantwortung und der Solidarität in einer offenen Gesellschaft mündiger Bürger sein.

Diesen Standort brauchen wir auch, um unserer außenpolitischen Verantwortung gerecht zu werden. Er schützt uns vor der doppelten Versuchung nationaler Geltungssucht und kollektiver Verantwortungsflucht. Der Streit über die Frage, ob Deutschland »Weltmacht«, »Weltpolizist«, »Großmacht«, »europäische Macht« oder »Mittelmacht« sei, wird hauptsächlich von ausländischen Beobachtern geführt, die in Kategorien wie »territoriale Ausdehnung«, »Bevölkerungsgröße« oder »Wirtschaftskraft« denken. Sie übersehen häufig, daß die Größe eines Staates noch lange keine Garantie für die Qualität seiner Außenpolitik oder seiner Rechtsstaatlichkeit ist.

Die Grundprinzipien der deutschen Außenpolitik bleiben unverändert: feste Verankerung in Europa und seinen Organisationen, Erweiterung und Vertiefung der Europäischen Union, Stärkung und Weiterentwicklung des Atlantischen Bündnisses, der Vereinten Nationen und regionaler Integrationsbestrebungen, Übernahme besonderer Verantwortung für den Frieden in Europa und damit für den Stabilitätstransfer nach Zentral- und Osteuropa. Schließlich umfaßt der Verantwortungszuwachs des vereinten Deutschlands auch die Bereitschaft, bei der Sicherung sowohl regionaler als auch der globalen Stabilität, des freien Welthandels und einer tragfähigen Entwicklung des Südens eine tragende Rolle zu übernehmen.

Sowohl die innere Sicherheit als auch die Überlebensfähigkeit der Menschheit hängen davon ab, ob es gelingt, in Bereichen wie der Friedenssicherung, dem Umwelt- und Artenschutz, dem Rohstoffverbrauch, der Ernährungssicherung wie auch der Verhinderung der Verbreitung von nuklearem Know-how und nuklearem Material, der Bekämpfung des transnationalen Terrorismus, der Fundamentalismen jeglicher Art und des Drogenhandels zu Lösungen zu kommen. Wir sind Zeugen eines historischen Wandels in allen Teilen der Welt, eines Wandels, den wir mitgestalten können.

Trotz der fast unlösbar erscheinenden Zukunftsprobleme verkennen wir nicht die von vielen noch vor einigen Jahren für unmöglich gehaltenen Fortschritte. Scheinbar unüberwindliche Gegensätze konnten überwunden werden: ideologische im Ost-West-Verhältnis, rassische in Südafrika, politisch-religiöse im Nahen Osten.

Der Frieden ist aber ein fragiles Gut. In unserer immer enger werdenden Welt entzünden sich leider allzu oft Konflikte, entstehen neue Sicherheitsrisiken, werden wir tagtäglich mit Gewalt, mit Ressentiments und selbst mit gewissenlosen politischen Manipulationen konfrontiert, wie wir sie während vergangener Diktaturen in extremster Form erleben mußten.

Die Nahostregion und allen voran Israel wird trotz und bedauerlicherweise gerade wegen der sich Bahn brechenden Verständigung von fundamentalistischen Terrorakten heimgesucht. Ich stimme mit Präsident Clinton in der Verurteilung des fundamentalistisch inspirierten Terrors überein und betrachte diesen – wie vergleichbaren Terror in anderen Weltgegenden – als eine der übelsten Geißeln unserer Epoche. Das Paradoxon unserer Zeit besteht leider darin, daß nach dem Ende des Kalten Krieges präzedenzlose Friedenschancen gepaart sind mit dem Ausbruch neuer, oftmals nihilistischer Gewalt in vielen Teilen der Welt.

Auch das demokratische Deutschland ist, wie die gegen Ausländer und jüdische Einrichtungen gerichteten Schandtaten der letzten Jahre zeigen, dagegen nicht gefeit. Diese Taten haben uns mit Entsetzen und Abscheu erfüllt. Ich verstehe gut, daß derartige Vorkommnisse gerade in Israel berechtigte Besorgnis ausgelöst haben. Ich kann Ihnen aber versichern, daß wir es nicht zulassen werden, daß jüdische Bürger und Einrichtungen in Deutschland antisemitischen Angriffen ausgesetzt werden und daß das Andenken an die Opfer des Holocaust verunglimpft wird.

Wir haben die Gesetzgebung verschärft, vor allem die Auschwitzlüge verboten und sind fest entschlossen, den Rechts- wie auch den Linksextremismus offensiv zu bekämpfen. Ich möchte die gerade erwähnten verabscheuungswürdigen Ereignisse in keiner Weise relativieren. Aber ich möchte doch betonen, daß die Ausbrüche rechtsradikaler Gewalt in Deutschland keine Massenerscheinung darstellen.

Mit Genugtuung haben ich und der weitaus größte Teil der Deutschen festgestellt, daß bei den vielen Wahlen, denen sich in diesem Jahr Landtage und der Bundestag gestellt haben, der auf die rechten Parteien entfallende Stimmenanteil verschwindend gering war – er lag gerade bei zwei Prozent. Das ist ein Zeichen dafür, daß es in Deutschland keine zunehmende Rechtsradikalität, auch keine zunehmende Ausländerfeindlichkeit gibt, wohl aber eine zunehmende Aggressivität einiger, meist jugendlicher Randgruppen, die weiterhin mit allen rechtsstaatlichen Mitteln bekämpft werden.

Ein Mittel, um dem Rechtsextremismus entgegenzuwirken, ist die frühzeitige, umfassende Aufklärung über das Leid, das die rechtsextremistische Nazidiktatur dem jüdischen Volk, vielen anderen

Völkern und letztlich auch dem deutschen Volk zugefügt hat, wobei allerdings die Einmaligkeit des Holocaust einer besonders intensiven Vermittlung bedarf. Es geht allerdings nicht darum, im Bewußtsein der nachwachsenden Generationen in Deutschland ein Kollektivschuldbewußtsein zu verankern. In diesem Fall – das hat bereits David Ben Gurion erkannt – bestünde die Gefahr, eine Trotzreaktion auszulösen und das Gegenteil dessen zu bewirken, was man anstrebt, nämlich die fortdauernde, ehrliche, anteilnehmende Auseinandersetzung mit dem düstersten Kapitel unserer Geschichte.

Als Deutsche wissen wir, aus welcher Not heraus der Staat Israel gegründet wurde. Die Geschichte Europas und unsere Sorge um den Frieden im Nahen Osten haben uns besondere Verantwortung für die Existenz und die Sicherheit Israels auferlegt. Daher war die Unterstützung Ihres Staates seit Gründung der Bundesrepublik Deutschland ein wesentliches Anliegen aller deutschen Regierungen. Zugleich haben wir uns auch in den internationalen Organisationen und in der Europäischen Union immer aktiv für die berechtigten Anliegen Israels eingesetzt und auf diese Weise eine Brückenfunktion zwischen Israel und Europa eingenommen.

Lassen Sie mich an dieser Stelle folgendes einflechten: Ich würde mir wünschen, daß möglichst viele Israelis eine Brückenfunktion zu den in anderen Weltgegenden lebenden Juden übernehmen und bei persönlichen Kontakten auf die Existenz eines neuen, demokratischen Deutschlands hinweisen würden. Es hat zuweilen den Anschein, daß – anders als viele Israelis – manche außerhalb Israels lebende Juden Deutschland noch aus der Perspektive der 30er und 40er Jahre dieses Jahrhunderts betrachten und nicht ausreichend zur Kenntnis nehmen, daß Deutschland Israel seit Jahrzehnten materiell und ideell unterstützt und daß es einer der treuesten und verläßlichsten Freunde Israels und seiner Bürger – zumindest bemühen wir uns, ein solcher Freund zu sein – ist.

Die Unterstützung, die Deutschland bilateral und gemeinsam mit seinen Partnern in der Europäischen Union für den Nahost-Friedensprozeß leistet, dient nicht zuletzt dem Ziel, die Zukunft Israels – und jene der Palästinenser – in Frieden, in wirtschaftlicher Prosperität und frei von Gewalt und Angst zu sichern. Zu nennen sind in diesem Zusammenhang die Verhandlungen der Europäischen Union mit Israel über ein neues Kooperationsabkommen sowie über ein Abkommen zur wissenschaftlich-technischen Zusammenarbeit, wie auch die Hilfszusagen, die die Europäische Union zum größten Geber für die palästinensischen Gebiete machen.

Wir Europäer sind in der Lage und bereit, mit

den Partnern im Nahen Osten die Erfahrung zu teilen, wie aus einem Kontinent jahrhundertelanger Kriege und tiefer Erbfeindschaft eine Region des Friedens, der Zusammenarbeit und des Wohlstands für alle werden kann. Die europäische Integration und der KSZE-Prozeß sind gewiß nicht ohne weiteres auf den Nahen Osten übertragbar. Doch sind auch hier, am östlichen Rand des Mittelmeeres, nach den Friedensverträgen zwischen Israel einerseits, Ägypten und Jordanien andererseits, nach dem historischen Durchbruch im israelisch-palästinensischen Verhältnis, nach der Annäherung zwischen Israel und zahlreichen arabischen Staaten, nach dem Wirtschaftsgipfel von Casablanca Bedingungen entstanden, die in manchem jenen ähneln, die in Westeuropa nach dem Zweiten Weltkrieg entstanden.

Gemeinsam ist dem damaligen Europa und dem heutigen Nahen Osten auch die Erkenntnis, daß Frieden und Stabilität in Elend und Not nicht gedeihen können. Der Friedensprozeß muß sichtbare und fühlbare Ergebnisse für alle bringen: Die Bürger Israels müssen sicher sein vor Kriegsrisiken und Terroranschlägen; die Palästinenser erwarten zu Recht eine schnelle Verbesserung ihrer wirtschaftlichen und sozialen Lage; auch die Menschen in den anderen betroffenen arabischen Ländern wollen eine Friedensdividende sehen. Damit diese Hoffnungen und Erwartungen nicht enttäuscht werden, hat sich die internationale Gemeinschaft zu außerordentlichen Hilfsanstrengungen verpflichtet. Im politischen wie im wirtschaftlichen Bereich aber müssen die Regionalparteien selbst die Hauptverantwortung tragen. Von außen können wir diesen Prozeß, in dem die verantwortlichen Politiker bereits so viel Mut und Weitsicht gezeigt haben, nur flankierend unterstützen.

An überzeugenden konzeptionellen Ideen und Plänen mangelt es nicht. Hier gebührt sicherlich Israel das Hauptverdienst dafür, daß zukunftsweisende Kooperationsprojekte und die Vision einer aufblühenden Region mit Stromnetzverbundsystemen, Wasserwegen und anderen länderübergreifenden Infrastrukturprojekten bereits heute bestehen. Die wesentlich auf israelische Anregung zustandegekommene Wirtschaftsgipfelkonferenz von Casablanca hat eine weitere Perspektive auf eine Zukunft in Frieden und Wohlstand für die gesamte Region eröffnet. Auch wenn bis zur Verwirklichung eines Europa und den Mittelmeerraum umspannenden Wirtschaftsraumes noch Jahrzehnte vergehen dürften: der Anfang ist gemacht. Auch die Europäische Union begann vor vier Jahrzehnten mit der Vision einiger weniger über den Tellerrand des Tagesgeschehens hinausblickender Politiker.

Viel wurde bereits erreicht, mehr bleibt noch zu tun. Wichtig ist, daß der Weg des friedlichen Ausgleichs und des Kompromisses weiter begangen wird, daß den radikalen Gegnern des Prozesses keine Chance gegeben wird. Das erfordert von allen Verantwortlichen Mut und Beharrungsvermögen, nicht zuletzt aber von der israelischen Regierung.

Daß wir heute, nahezu 30 Jahre nach Aufnahme der diplomatischen Beziehungen unserer beider Länder, auf intensive und freundschaftliche Beziehungen zurückblicken können, ist nicht zuletzt dem Mut und dem Weitblick David Ben Gurions und Konrad Adenauers zu verdanken. Sie erkannten in einer schwierigen Zeit die Notwendigkeit eines Dialogs und ermöglichten damit die gedeihliche und zukunftsweisende Entwicklung unserer Beziehungen. Ihrer gedenken wir daher in Dankbarkeit.

Ebenso wichtig wie die zwischenstaatlichen Beziehungen, vielleicht sogar noch wichtiger, ist aber der Dialog zwischen den Menschen unserer beider Länder. Ein besonderes Gütesiegel der Beziehungen ist hier das Netzwerk der Kontakte, die sich über Jahre entwickelt und gefestigt haben. Ich denke vor allem an die mittlerweile über 80 Städtepartnerschaften und an den Jugendaustausch, an dem jährlich einige tausend deutsche und israelische Jugendliche teilnehmen. Besonders erfreulich ist die wachsende Zahl von Partnerschaften israelischer Schulen mit Schulen in den neuen Bundesländern wie auch das wachsende Interesse israelischer Jugendlicher an der deutschen Sprache, einer Sprache, die Jahrhunderte lang auch die Sprache vieler Juden war.

Es ist vor allem der Dialog zwischen den Menschen, der auf beiden Seiten zu wachsendem Verständnis füreinander geführt hat. Das Engagement vieler einzelner ist es, das unsere Beziehungen trägt und ihnen Leben gibt. Hierin drückt sich am unmittelbarsten das große Interesse Deutscher und Israelis aus, einander kennenzulernen und ein von Vertrauen geprägtes Verhältnis aufzubauen.

Besondere Bedeutung kommt der akademischen und wissenschaftlichen Zusammenarbeit zu. Noch vor Aufnahme der diplomatischen Beziehungen waren es Wissenschaftler, die in einem Klima bilateraler Spannungen im Jahre 1959 mit ersten Kontakten den Grundstein legten für eine äußerst fruchtbare Zusammenarbeit.

Dank des überaus großen kulturellen Interesses in Israel sind auch und vor allem die kulturellen Beziehungen Deutschlands zu Israel von besonderer Intensität und Qualität.

Die hier skizzierte Entwicklung der deutsch-israelischen Beziehungen wäre nicht möglich gewesen ohne den Beitrag derjenigen, die in Deutschland geboren wurden und die, nachdem sie Deutschland verlassen hatten, trotz ihrer schrecklichen Erfahrungen ihre Kenntnis beider Länder dafür einsetzten, Brücken zu bauen. Ihnen und allen, die sich in Israel für die Intensivierung der deutsch-israelischen Beziehungen eingesetzt haben und einsetzen, möchte ich an dieser Stelle meinen besonderen Dank aussprechen.

Ich habe mich bemüht, in der kurzen mir zur Verfügung stehenden Zeit eine Brücke von der belasteten Vergangenheit zur optimistisch stimmenden Gegenwart freundschaftlicher deutsch-israelischer Beziehungen zu schlagen. Ich vermeide bewußt den Begriff »normale Beziehungen«, weil die im wahrsten Sinn des Wortes abnormalen Geschehnisse der Vergangenheit und die daraus resultierende Belastung der Beziehungen zwischen Deutschen und Juden nicht durch Zeitablauf und bloße Deklamationen normalisiert werden können. Unbestritten aber ist der besondere Charakter der deutsch-israelischen Beziehungen, den es aufrechtzuerhalten gilt. Ich bin zuversichtlich, daß wir, Deutsche und Israelis, auch in der Zukunft in besonderer Weise zusammenarbeiten und ein Beispiel für Vertrauen, Freundschaft und Verständnis trotz fortbestehender historischer Belastung geben werden.

7. Bitte um Vergebung

50. Jahrestag des Warschauer Aufstands am 1. August 1994 in Warschau

Es ist ein bewegender Moment für mich, Ihnen über die Gräber der Toten des Warschauer Aufstandes hinweg heute die Hand zu reichen.

Als Staatsoberhaupt meines Landes bin ich Ihnen, Herr Präsident, und dem polnischen Volk für diese Einladung aufrichtig dankbar. Zugleich habe ich Verständnis für die Gefühle jener, die meiner Teilnahme kritisch gegenüberstehen, und ich bekunde ihnen meinen Respekt.

Was wir brauchen, ist Versöhnung und Verständigung, Vertrauen und gute Nachbarschaft. Das kann nur weiterwachsen und gedeihen, wenn unsere Völker sich dem Grauen ihrer jüngsten Geschichte in aller Offenheit stellen. In aller Offenheit und ohne Vorurteile. Mit dem Mut zur vollen Wahrheit. Nichts hinzufügen, aber auch nichts weglassen, nichts verschweigen und nichts aufrechnen. Im Bewußtsein, der Vergebung bedürftig zu sein, aber auch zur Vergebung bereit.

Der 1. August ruft uns in Erinnerung, welch unermeßliches Leid von Deutschen über Polen gebracht wurde. Wie in einem Vergrößerungsglas treten Terror und Vernichtung, Ausrottung und Erniedrigung vor unsere Augen. In den entfesselten Racheaktionen nach Beginn des Warschauer Aufstandes, in der systematischen Vernichtung der Stadt und ihrer Bewohner überschlug sich die Zerstörungsmaschinerie der Nazis in einem letzten haßerfüllten Aufbäumen. Ihr stand der unabwendbare, der endgültige Bankrott und der ihn begleitende Einzug von Krieg, Leid, Tod und Vertreibung auch in Deutschland schon deutlich vor Augen. So war Zerstörung mit Selbstzerstörung unlösbar verbunden.

Der 1. August 1944 ist zugleich ein unauslöschliches Symbol für den Freiheitswillen des polnischen Volkes, für seinen Kampf um menschliche Würde und nationale Selbstbehauptung. Er ist zum Sinnbild für das kämpfende Polen geworden, das sich nie mit Demütigung, Rechtlosigkeit und drohender Vernichtung abgefunden hat.

Es erfüllt uns Deutsche mit Scham, daß der Name unseres Landes und Volkes auf ewig mit dem Schmerz und dem Leid verknüpft sein wird, die Polen millionenfach zugefügt wurden.

Wir trauern um die Toten des Warschauer Aufstandes und um alle Menschen, die durch den Zweiten Weltkrieg ihr Leben verloren.

Wir beklagen das Schicksal des polnischen Volkes, das nach dem Warschauer Aufstand noch einmal die Leiden der Niederlage zu erdulden hatte und dann noch volle vier Jahrzehnte um seine Freiheit und Würde kämpfte.

Aber wir wissen auch: Das Martyrium des polnischen Volkes nahm nicht erst am 1. August 1944, sondern am 1. September 1939 seinen Anfang. Kein Land hatte im Zweiten Weltkrieg vergleichbar hohe Opfer zu beklagen wie Polen. Millionen seiner Bürger kamen ums Leben, in den Schützengräben, im Bombenhagel, in den Gaskammern und hier in den Straßen Warschaus. Wir beziehen sie alle in unser Gedenken ein und nehmen ihren Tod als Mahnung und Verpflichtung für die Zukunft zugleich.

Diese Zukunft gilt es nunmehr gemeinsam und verantwortlich zu gestalten.

Im Laufe der letzten 40 Jahre hat die europäische Geschichte eine dramatische Wendung genommen. Die Völker haben begonnen, sich in einem vereinten Europa zusammenzuschließen. Niemand braucht auf seine nationale Identität zu verzichten, niemand auf seine Kultur und seine Geschichte. Verzichten müssen wir nur auf Feindschaft und Haß und auf einen kleinen Teil unseres nationalen Egoismus. Westlich des Eisernen Vorhangs hat diese neue Idee Wunder gewirkt.

Heute steht dieser Weg auch dem polnischen Volk offen, das doch stets zu Europa gehört hat und das die Europäer 40 Jahre lang schmerzlich vermißt haben. In diesem Rahmen werden sich Polen und Deutsche die Hand reichen können, so wie es zwischen Franzosen und Deutschen längst Wirklichkeit geworden ist.

Deutschland jedenfalls wird die Bemühungen Polens um Aufnahme in die Europäische Union und die NATO allezeit unterstützen, nachdrücklich und aus den besten Motiven.

Wir können nichts Besseres für unsere Kinder und Enkel tun.

Heute aber verneige ich mich vor den Kämpfern des Warschauer Aufstandes wie vor allen polnischen Opfern des Krieges:

Ich bitte um Vergebung für das, was ihnen von Deutschen angetan worden ist.

8. An diesem Ort, an diesem Tag

Bergen-Belsen am 27. April 1995

Beginnen will ich mit Worten, die der erste Bundespräsident der Bundesrepublik Deutschland, Theodor Heuss, im November 1952 an dieser Stelle gesprochen hat.

Er sagte damals: »Ich habe, als ich gefragt wurde, ob ich heute (...) ein Wort zu sagen bereit sei, ohne lange Überlegungen mit ja geantwortet. Denn ein Nein der Ablehnung, der Ausrede, wäre mir als eine Feigheit erschienen, und wir Deutschen wollen, sollen und müssen, will mir scheinen, tapfer zu sein lernen gegenüber der Wahrheit, zumal auf einem Boden, der von den Exzessen menschlicher Feigheit gedüngt und verwüstet wurde.« Soweit Theodor Heuss.

Auch für mich ist es nicht leicht, an diesem Ort, an diesem Tag und gerade vor Ihnen zu sprechen.

Es ist, zum ersten, schwer, an diesem *Ort* zu sprechen. Der Name Bergen-Belsen steht, zusammen mit vielen anderen Lagernamen, für das schlimmste Verbrechen an der Menschlichkeit, das es bisher gab. Zu der Trauer über die Toten, zum Mitgefühl für die Opfer kommen für mich Scham und Zorn. Scham und Zorn darüber, daß es Deutsche waren, die diese Verbrechen begangen haben, und daß das, was geschehen ist, im Lande Lessings, Kants und Goethes geschehen konnte.

Es ist schwer, zum zweiten, an diesem *Tag* zu sprechen. Heute ist der Tag, an dem die Juden weltweit, besonders in Israel, der Opfer der nationalsozialistischen Verbrechen gedenken, der »Yom Ha Shoah«. Wenn wir Deutschen diesen Gedenktag gemeinsam mit den Opfern begehen, dann denken wir an die Worte des Alten Testamentes, das Juden und Christen gemeinsam ist: »Unsere Väter haben gesündigt, sie sind nicht mehr: Wir tragen deren Sünden.« An diesen Sünden tragen wir Deutschen schwer. Nichts darf verdrängt werden, nichts darf vergessen werden. Wir tragen Verantwortung dafür, daß sich so etwas nie mehr wiederholt.

Es ist, zum dritten, schwer, vor *Ihnen* zu sprechen, meine Damen und Herren, die Sie mir jetzt zuhören. Viele von Ihnen waren selbst hier gefangen oder sind Kinder oder Angehörige von Gefangenen. Auch Befreier sind unter uns, die das schokkierende Bild nicht vergessen haben, das sich ihnen damals bot. Wir erinnern uns auch daran, daß die Befreiung des Lagers am 15. April 1945 nicht das Ende der Leiden war. Tausende sind noch gestorben an den Tagen, die auf die Öffnung folgten, an Hunger, Krankheit und Entkräftung. Auch viele Ärzte und Schwestern, die in den ersten Wochen geholfen haben, sind durch Seuchen ums Leben gekommen.

Die meisten anderen, die überlebten, haben zwar das Lager verlassen, aber das Lager hat sie nicht verlassen. Die Erinnerungen haben sie ihr ganzes Leben begleitet und lassen sie nicht ruhen. Die Alpträume der Vergangenheit sind für sie ständige Begleiter bis in die Gegenwart. Auch das dürfen wir heute nicht vergessen.

Unter den vielen, die an diesem Ort litten und starben, war ein Mädchen, dessen Geschichte viele kennen und dessen Name fast stellvertretend steht für alle, die der Barbarei zum Opfer gefallen sind: Anne Frank. Am 11. April 1944 schrieb sie in ihr Tagebuch: »Einmal wird dieser schreckliche Krieg doch vorbeigehen, einmal werden wir doch wieder Menschen und nicht nur Juden sein.« In diesem einen Satz wird deutlich, was die Wurzel der Barbarei war: Selektion. Selektion, daß war nicht nur ein Schreckenswort in den Lagern. Es war das Prinzip des Nationalsozialismus selbst.

Die Menschen verloren das Antlitz des Menschen. Sie wurden nach Merkmalen eingeteilt, sie wurden aussortiert. Statt »nicht nur Juden« hätte Anne Frank auch schreiben können: »Nicht nur Sinti und Roma, nicht nur Russen, nicht nur Christen, nicht nur Gewerkschafter, nicht nur Sozialisten, nicht nur Behinderte, nicht nur diese oder jene andere Minderheit.«

Unsere Verantwortung ist, solche Selektionen nie mehr zuzulassen. Nie mehr zuzulassen, daß Menschsein abhängig gemacht wird von Rasse oder Herkunft, von Überzeugung oder Glauben, von Gesundheit oder Leistungsfähigkeit. Nie mehr zuzulassen, daß unterschieden wird zwischen lebenswertem und nichtlebenswertem Leben. Die Lehre von Bergen-Belsen heißt: »Die Würde des Menschen ist unantastbar.«

Der Völkermord, den das nationalsozialistische Regime beging, war in seiner technischen und bürokratischen Perfektion so einzigartig und beispiellos, daß man glauben könnte, er könne sich nicht wiederholen. Aber das wäre ein gefährlicher Trugschluß. Es ist natürlich wahr, die Geschichte wiederholt sich nicht. Aber es kann neue Formen von Ausschluß und Gleichschaltung, von Selektion und Totalitarismus geben. Formen, die wir heute vielleicht noch nicht einmal ahnen. Also müssen wir wachsam bleiben. Dazu müssen wir uns erinnern. Nur wer sich erinnert, kann Gefahren für die Zukunft bannen.

Ich bin nicht sicher, ob wir die rechten Formen des Erinnerns für die Zukunft schon gefunden haben. Immerhin stehen wir an einer Schwelle von größter Bedeutung. Die Generation der Zeitzeugen geht zu Ende, und es beginnt das Leben einer Generation, die in der Gefahr ist, die Erfahrungen, für die Bergen-Belsen steht, nur noch als Geschichte zu betrachten. Jetzt kommt alles darauf an, über die Vergangenheit so zu sprechen, sie so zu vermitteln und an sie so zu erinnern, daß die Jungen die Verantwortung, gegen jede Wiederholung aufzutreten, als ihre eigene Verantwortung empfinden. Das ist eine ganz entscheidende Aufgabe unserer Generation. Ihr hat sich alles, alles unterzuordnen, was in diesem Zusammenhang – auch in diesen Wochen – gedacht und geplant wird.

Noch einmal zusammengefaßt: Der Ablauf von 50 Jahren seit dem Ende des NS-Regimes kann nicht Ende des Erinnerns heißen. Was wir jetzt aber brauchen, ist eine Form des Gedenkens, die zuverlässig in die Zukunft wirkt.

Vor allem geht es darum, eine dauerhafte Form zu finden. Das ist wichtiger als schnelle Entscheidungen. Wir sollten uns die Zeit nehmen, die notwendig ist – aber allerdings auch nicht mehr –, um einen breiten gesellschaftlichen Konsens herzustellen. Denn wir brauchen eine lebendige Form der Erinnerung. Sie muß Trauer über Leid und Verlust zum Ausdruck bringen, aber sie muß auch zur steten Wachsamkeit, zum Kampf gegen Wiederholungen ermutigen, sie muß Gefahren für die Zukunft bannen. Für mich ist alles richtig, was unseren Kindern und Kindeskindern die Verantwortung für

Demokratie, für die Freiheit und Menschenwürde in die Herzen gräbt, und für mich ist alles falsch, was am Ende nur in momentanen Alibi-Effekten versandet.

Das sind wir nicht nur den NS-Opfern und nicht nur den möglichen Opfern neuer Diktaturen schuldig, sondern wir sind es auch unseren Kindern selbst schuldig. Die Geschichte des Versagens begann ja nicht erst nach der Machtergreifung von 1933. Sie begann schon lange vorher: in nationalistischer Überheblichkeit, in der Zögerlichkeit, mit der die Demokratie von Weimar einerseits gehandhabt und andererseits verteidigt wurde, in Witzen und Karikaturen, in einem wahnsinnigen Machtkalkül, das sich einbildete, Hitler gleichzeitig benutzen und bändigen zu können.

Auch unsere Kinder müssen es lernen: Totalitarismus und Menschenverachtung bekämpft man nicht, wenn sie schon die Macht ergriffen haben. Man muß sie schon bekämpfen, wenn sie zum ersten Mal – und vielleicht noch ganz zaghaft – das Haupt erheben.

Nach der Machtergreifung von 1933 war für den einzelnen gegen den Nationalsozialismus nicht mehr allzuviel auszurichten. Nun lag das Versagen vor allem im Wegschauen. Wer Augen hatte, konnte zwar sehen. Aber das war gefährlich. Und vor allem, es war unbequem.

– Man sah weg, als jüdischen Ärzten und Rechtsanwälten die Zulassung entzogen wurde; man wechselte eben zu anderen.

- Man sah weg, als jüdischen Geschäftsleuten ihr Gewerbe weggenommen wurde; es gab ja Interessenten, die es erwerben wollten.
- Man sah weg, als Juden der Zugang zu Restaurants und Cafés, zu Bibliotheken und Parks durch Verbotsschilder verwehrt wurde.
- Und man sah weg, als Nachbarn abgeholt wurden, und fragte nicht, warum sie nicht wiederkamen.

Auch das ist die Lektion von Bergen-Belsen: Man ist nicht nur verantwortlich für das, was man tut, sondern auch für das, was man geschehen läßt. Wer es zuläßt, daß anderen die Freiheit geraubt wird, der verliert am Ende die eigene Freiheit. Wer es zuläßt, daß anderen die Würde genommen wird, der verliert am Ende die eigene Würde.

Gewiß, nicht alle haben weggesehen. Es gab den Widerstand Dietrich Bonhoeffers, der Geschwister Scholl, des 20. Juli. In Bergen-Belsen büßten Rudolf Lüstermeier und Heinrich Jaspers ihre Opposition gegen die Nazidiktatur. Es gab auch Menschen, die im Alltag ihren Anstand bewahrten. Es gab den Wissenschaftler, der seine Freundschaft zum plötzlich geächteten Kollegen eben nicht auf staatlichen Befehl hin aufgab. Es gab die Familie, die es sich nicht nehmen ließ, ihre jüdischen Freunde zu Hause zu besuchen. Es gab die Hausfrau, die des Berufs beraubte Nachbarn mit Lebensmitteln versorgte. Und es gab Menschen, die – obwohl es mit höchstem Risiko verbunden war – Juden aufnahmen und versteckten. Sie waren Helden, aber sie waren wenige, und sie allein konnten das Unheil nicht mehr abwenden.

Bergen-Belsen ist nicht nur Vergangenheit. Jorge Semprún hat es uns erklärt, indem er sagte: »Die Geschichte ist frisch. Der Tod steht noch im Präsens.« Wenn wir aus der Geschichte lernen wollen, müssen wir erkennen, daß die Gefahr des Totalitarismus immer noch im Präsens steht – und nicht nur in Deutschland, sondern der ganzen Welt – und daß sie uns auch im Futur wieder begegnen kann.

Unsere Verantwortung ist es, dieses Wissen weiterzugeben.

Wir sind dankbar, daß wir noch einmal die Chance bekommen haben, zusammen mit unseren europäischen Nachbarn eine gemeinsame friedliche Zukunft zu gestalten. Deutschland wird alles daran setzen, daß es nationalistischer Engstirnigkeit, Überheblichkeit und Intoleranz nie mehr gelingt, den Frieden zu gefährden. Wo immer es sei.

Am gleichen 11. April 1944 schrieb Anne Frank in ihr Tagebuch, sie rechne bereits mit der Möglichkeit des Todes. Sie fand den Mut, sie fand die Kraft, hinzuzufügen, daß es dann eben ein Opfer für Freiheit, Wahrheit und Recht sein müsse. Das ist ihr Vermächtnis. Nehmen wir es an.

9. Ein Fanal gegen den Krieg

50. Jahrestag der Zerstörung Dresdens am 13. Februar 1995 in Dresden

In der Nacht vom 13. auf den 14. Februar 1945 ist binnen weniger Stunden die Stadt Dresden durch Bomben vernichtet worden. Zehntausende Menschen kamen in den Feuerstürmen um. Unermeßlich war das Leid der Überlebenden. Unersetzliche Werte europäischer Kultur gingen unwiederbringlich verloren – Werte, die auch ein Stück Seele der Menschen waren.

Wenn wir uns heute – wie oft zuvor – dieses Geschehens erinnern, so verlangt das vorab eine Klarstellung. Niemandem hier im Raum geht es um Anklage, niemandem geht es um das Einfordern von Reue und Selbstbezichtigung. Niemandem geht es um Aufrechnung mit den Untaten Deutscher im NS-Staat. Wenn das beabsichtigt wäre, hätte die Dresdener Bevölkerung unsere britischen und amerikanischen Gäste nicht so warmherzig aufgenommen, wie wir das einmal mehr in dieser Stunde erleben.

Uns geht es zunächst um die Trauer – um die

Totenklage, die doch ein Teil ältester menschlicher Kultur ist. Wenn wir alljährlich am Volkstrauertag der Opfer von Krieg und Willkürherrschaft gedenken, so tun wir das mit den folgenden Worten, die ich nochmals in Ihr Gedächtnis rufen will:

»Wir denken heute an die Opfer von Gewalt und Krieg, Kinder, Frauen und Männer aller Völker.

Wir gedenken der Soldaten, die in den Weltkriegen starben, der Menschen, die durch Kriegshandlungen oder danach in Gefangenschaft, als Vertriebene und Flüchtlinge ihr Leben verloren.

Wir gedenken derer, die verfolgt und getötet wurden, weil sie einem anderen Volk angehörten, einer anderen Rasse zugerechnet wurden oder deren Leben wegen einer Krankheit oder Behinderung als lebensunwert bezeichnet wurde.

Wir gedenken derer, die ums Leben kamen, weil sie Widerstand gegen Gewaltherrschaft leisteten, und derer, die den Tod fanden, weil sie an ihrer Überzeugung oder an ihrem Glauben festhielten.

Wir trauern um die Opfer der Kriege und Bürgerkriege unserer Tage, um die Opfer von Terrorismus und politischer Verfolgung, um die Opfer sinnloser Gewalt, die bei uns Schutz suchten.

Wir trauern mit den Müttern und mit allen, die Leid tragen um die Toten.«

Genau das ist der Geist, aus dem heraus wir auch um die deutschen Opfer unserer Geschichte trauern, um die zahllosen Menschen, die ihr Leben oder ihre Gesundheit im Krieg und in Lagern, auf der Flucht, in Vertreibung und Verschleppung, in Häusern und auf Straßen, in Gräben und Kellern verloren haben. Man kann Geschichte nicht überwinden, man kann weder Ruhe noch Versöhnung finden, wenn man sich nicht der ganzen Geschichte stellt.

Und wir verwahren uns dagegen, daß irgend jemand unsere Trauer so auslegt, als wollten wir die Verbrechen, die Deutsche an den Menschen anderer Völker – aber auch an ihren eigenen Mitbürgern – begangen haben, gegen die eigenen Kriegs- und Vertreibungsopfer aufrechnen. Wer – wie die Deutschen von heute – den Teufelskreis von Unrecht und Gewalt, von Krieg und Unmenschlichkeit brechen will, wer Frieden, Freundschaft und Versöhnung zwischen den Völkern sucht, der kann nicht einfach zwischen den Toten, Verwundeten und ins Unglück Gestürzten der verschiedenen Völker einen buchhalterischen Saldo ziehen. Leben kann man nicht gegen Leben aufrechnen, Schmerz nicht gegen Schmerz, Todesangst nicht gegen Todesangst, Vertreibung nicht gegen Vertreibung, Grauen nicht gegen Grauen, Entwürdigung nicht gegen Entwürdigung. Menschliches Leid kann nicht saldiert werden. Es muß gemeinsam überwunden werden, durch Mitleid, Besinnung und Lernen.

Diese Mahnung richte ich auch an die Historiker

und die historischen Laien, die sich noch heute um die Zahl der Opfer auf allen Seiten, vor allem aber um die Opfer des Zweiten Weltkrieges und der nationalsozialistischen Gewaltherrschaft streiten. Man hat diese Rechenspiele zu Recht als die »Ziffernsprache des Ungeheuerlichen« bezeichnet. Diese Sprache führt nicht einen Schritt weiter, und sie entspricht auch nicht dem Denken der heutigen Deutschen in ihrer ganz großen Mehrheit. Die Verwurzelung der Demokratie in unserem Lande und unsere Beteiligung am europäischen Einigungswerk sind die richtigen Konsequenzen aus unserer Geschichte. Wir sind imstande, dem ins Auge zu sehen, was war. Deshalb versuchen wir nicht, eigene Lasten durch Vergleiche mit anderen zu verkleinern. Um unsere Geschichte geht es uns, nicht um die der anderen. Aus der eigenen Geschichte lernt man immer noch am besten.

Ich will um der Wahrheit willen noch ein weiteres hinzufügen. Es gibt keinen Sinn, darüber zu richten, ob der Bombenkrieg, an dessen Unmenschlichkeit ohnehin niemand zweifelt, im juristischen Sinne rechtmäßig war oder nicht. Was bringt uns das – angesichts des Abstands von 50 Jahren und angesichts der bitteren Erkenntnis, daß die Völkerrechtsordnung auch heute noch weithin machtlos ist gegenüber Krieg und Massenmord?

Wer heute die Konsequenzen aus den Erfahrungen jener Zeit ziehen will, auch wer die Wunden von damals heilen helfen will, dem stellt sich doch eine ganz andere Frage. Die Frage nämlich, ob wir aus der Vergangenheit genug gelernt haben und ob wir alles tun, um die Wiederkehr des Schreckens – in welcher Form auch immer – zu verhindern. Das geht jeden einzelnen von uns an, in allen Generationen und in allen Völkern. Das sage ich gerade auch unserer Jugend, auf die es heute mehr ankommt als auf uns Ältere, die wir doch alle noch die Narben des Krieges und der NS-Zeit an uns tragen. Und das ist die Botschaft, die auch von Dresden aus in alle Welt gehen muß!

Es gibt keinen Ort in Deutschland, von dem diese Botschaft besser ausgehen könnte, als diese Stadt Dresden. Ich sage das, weil ich die Geschichte der Lichterprozession ernst nehme, die sich hier seit vielen Jahren am 13. Februar von der Kreuzkirche zu den Ruinen der Frauenkirche bewegt. Die Bürger Dresdens haben mit dieser Prozession zunächst ja bewußt Versuchen des SED-Regimes widerstanden, die darauf hinausliefen, aus dem Gedenken an den 13. Februar 1945 ein antibritisches, ein antiamerikanisches, ja ein antiwestliches Fanal zu machen. Sie haben mit den Mitteln, die ihnen seinerzeit zur Verfügung standen, dagegen Protest eingelegt und den richtigen Weg aufgezeigt: vom Gedenken und von der Trauer nicht zu Haß und Rache, sondern zu Frieden und Verständigung zu kommen. Sie haben gezeigt, daß sie – aus sich heraus – imstande waren, mit den Schatten der Vergangenheit so fertig zu werden, daß damit das Tor zu einer besseren Zukunft geöffnet wird.

Sie wissen es vielleicht: Ich sage gelegentlich – und ich sage es mit voller Überzeugung –, daß die rechtsstaatliche und friedliche Demokratie der Deutschen nicht nur auf der geduldigen Aufbauarbeit und Lernbereitschaft der Westdeutschen beruht, sondern ebenso auf der unblutigen Revolution, mit der die Ostdeutschen im Jahre 1989 etwas in der deutschen Geschichte noch nicht Dagewesenes erkämpft haben. Hier in Dresden füge ich hinzu: Die Freundschaft und das Vertrauen, das die westdeutsche Politik in vier Jahrzehnten im Verhältnis zu den ehemaligen Kriegsgegnern gewonnen hat und das diese uns heute auch entgegenbringen, haben ihre Entsprechung in jener würdigen Art gefunden, in der die Bürger Dresdens und vieler anderer ostdeutscher Städte seit langem Gedenktage wie den heutigen begehen. Auch hier stehen wir Deutschen also auf zwei Beinen.

Trauer, Erinnerung und Gedenken ja, aber als Folgerung daraus nicht Anklage und Aufrechnung, sondern Verständigung und – vor allem – Mahnung für alle Zukunft! Auch hier sind sich die Deutschen in West und Ost viel näher, als manche von uns wahrhaben wollen! Was das Verhältnis zu den Siegern des Zweiten Weltkrieges betrifft, haben sich die Bürger in Ost- und Westdeutschland, je nach ihren verschiedenen politischen Möglichkeiten, zwar in der Form höchst unterschiedlich geäußert, aber sie haben es im gleichen Geist und im gleichen Wollen getan. Das ist eine gute Grundlage für die Zukunft, auch für unsere künftige Außen- und Bündnispolitik.

Gemeinsam haben wir uns auf den Weg begeben, der Frieden und Verständigung heißt. Gemeinsam wollen wir die Wunden schließen helfen, die noch immer nicht vernarbt sind. Gemeinsam wollen wir uns der Vergangenheit stellen, dort wo Deutsche die Täter waren, aber auch wo Deutsche zu Opfern wurden. Und gemeinsam müssen wir dafür kämpfen, daß sich Krieg und Totalitarismus, Gewaltherrschaft und Verlust von Heimat nie mehr wiederholen.

Dresden ist – vor allem anderen – ein Fanal gegen den Krieg. Gewiß, der Zweite Weltkrieg hat Millionen und Abermillionen von Opfern gefordert, in allen Völkern und ganz besonders in der früheren Sowjetunion und in Polen. Dresden ist also nicht das flammendste Beispiel, wenn es darum geht, die Scheußlichkeit moderner Kriege darzustellen – und wir wollen auch nicht vergessen, daß es im Rahmen eines Krieges zerstört wurde, den eine deutsche Regierung vom Zaun gebrochen hatte. Gerade deshalb zeigt Dresden aber auch die ganze Sinnlosigkeit moderner Kriege.

Betrachtet man die Geschichte nur nach Staaten und Nationen, so ist die Rechnung einfach: Die Deutschen haben den Krieg begonnen, und es hat sie dafür die gerechte Strafe ereilt. Aber das Muster ist zu grobmaschig. Erst wenn man sich vorstellt, wer alles unter den Bombenopfern von Dresden gewesen sein muß, wird die menschliche Tragödie moderner Kriegführung handgreiflich. Da waren in der Wolle gefärbte Nazis und Gestapoleute, die Deportationslisten für Juden zusammenstellten. Da waren Juden, die auf diesen Listen standen. Da waren nicht nur Menschen, die bei Kriegsausbruch lauthals gejubelt hatten, sondern auch solche, die in Tränen ausgebrochen waren und die nur deshalb nichts tun konnten, weil sie 1933, am Anfang, nicht widerstanden oder nicht genug Unterstützung für Widerstand gefunden hatten. Es waren schweigende Feinde des NS-Regimes, es waren Mitläufer und Wegschauer dabei. Es waren Widerstandskämpfer dabei, die im Untergrund Flugblätter gegen den Wahnsinn verbreiteten oder dafür schon im Gefängnis saßen. Es waren Flüchtlinge in Dresden, die ihre Heimat schon verloren hatten, und junge Menschen, die man aus Polen, Rußland, der Ukraine und vielen anderen Ländern zur Zwangsarbeit in Deutschland gepreßt hatte.

Auch hier ist jeder Versuch der Abwägung und Aufrechnung sinnwidrig. Es gibt kein menschliches Hirn, das einen solchen Sachverhalt moralisch auch nur entfernt aufarbeiten könnte. Hier zeigt sich – wieder einmal – die ganze Gefährlichkeit des Denkens in Kollektiven, das damals Menschen verblendete und auf das wir uns nie wieder einlassen dürfen.

Nur soviel steht fest: Es ist der Krieg als solcher, dem wir widerstehen müssen, den wir hassen müssen wie die Pest. Vor allem der moderne Krieg, in dem es weder Front noch Heimat gibt. Ihn gilt es mit allen Mitteln zu bekämpfen, nicht nur durch Pakte und Bündnisse, sondern zunächst einmal dadurch, daß die Völker lernen, friedlich und vertrauensvoll miteinander zu leben.

Das haben viele europäische Völker in den vergangenen Jahrzehnten gelernt. Und wenn es dafür – über die Politik dieser Jahrzehnte hinaus – Zeichen gibt, so erleben wir sie in diesen Tagen. Wie wäre es sonst möglich, daß die Kriegsgegner der Vergangenheit den Jahrestag des Kriegsendes in diesem Jahr gemeinsam begehen wollen, indem sie gemeinsam die Zukunft bedenken? Und wie wäre es sonst möglich, daß heute unsere britischen und amerikanischen Freunde unter uns sind, an ihrer Spitze Seine Königliche Hoheit, der Herzog von Kent, und der Botschafter der Vereinigten Staaten von Amerika?

Sie und ihre Delegationen heißen wir mit besonderer Freude willkommen, nicht als Vertreter der Gegner von einst, sondern als Vertreter der Freunde von heute. Nichts drückt diesen Wandel besser aus als die amerikanische Institution »Friends of Dresden« und der britische »Dresden Trust«, deren Spenden uns beim Wiederaufbau der Frauenkirche helfen werden.

Wenn dieses Symbol des zerstörten Dresden in einem wiedererstandenen Dresden leuchten wird, so wird es ein Turmkreuz tragen, das wir britischen Spenden verdanken werden. Das wird ein Symbol sein, stärker als es Worte auszudrücken vermögen.

Dieses Turmkreuz, das hoch über der Stadt stehen wird, wird uns auf ewig daran erinnern, daß wir, ein halbes Jahrhundert nach der Zerstörung, zueinander gefunden haben. Das Zueinanderfinden, einander vertrauen, die böse Vergangenheit gemeinsam überwinden. Das ist der richtige Weg. Wir Deutschen werden alles dazu tun, ihn auch in Zukunft zu gehen. Geduldig und beharrlich.

10. Ein Tor in die Zukunft wurde aufgestossen

50. Jahrestag des Endes des Zweiten Weltkrieges am 8. Mai 1995 in Berlin

Ich begrüße Sie alle zu dieser Stunde des Gedenkens aufs herzlichste. Mein besonderer Gruß gilt den Staats- und Regierungschefs der vier Mächte, die viereinhalb Jahrzehnte lang Mitverantwortung für Gesamtdeutschland getragen und in einer entscheidenden historischen Stunde den Weg zur Wiedervereinigung unseres Landes geöffnet haben. Seien Sie herzlich willkommen.

Gestern und heute vor 50 Jahren ging der Zweite Weltkrieg zu Ende.

Man muß diese Tage selbst erlebt haben, um halbwegs zu begreifen, was damals geschehen ist.

Deutschland hatte den furchtbarsten Krieg entfesselt, den es bis dahin gegeben hatte, und es erlebte nun die furchtbarste Niederlage, die man sich vorstellen konnte. Europa war ein Trümmerfeld, vom Atlantik bis zum Ural und vom Polarkreis bis zur Mittelmeerküste. Millionen aus allen europäischen Völkern, auch aus dem deutschen, waren tot, gefallen, in Bombenangriffen zerfetzt, in Lagern verhungert, auf den Straßen der Flucht erfroren, und andere Millionen – vor allem Juden, Roma und Sinti, Polen und Russen, Tschechen und Slowaken – waren den größten Vernichtungsaktionen zum Opfer gefallen, die menschliche Hirne je ersonnen hatten. Millionen hatten ihre Verwandten, ihre Freunde, ihre Heimat verloren oder waren gerade dabei, sie zu verlieren. Millionen kamen aus Kriegsgefangenenlagern oder wanderten gerade dorthin. Millionen waren zu Krüppeln geschossen. Hunderttausende von Frauen wurden vergewaltigt. Der Geruch der Krematorien und der schwelenden Ruinen lastete über Europa.

Die Herzen der Menschen waren verstört von Leid und Haß, von Angst und Verzweiflung, von Rachegefühlen und Hoffnungslosigkeit. Jeder wußte instinktiv, daß die Welt nie mehr so werden würde, wie sie zwölf Jahre vorher gewesen war. Zwar hatten viele Visionen von einer künftigen, besseren Welt. Aber keiner konnte sagen, ob solche Visionen je zu realisieren sein würden.

Ich male dieses Gemälde nicht, um die Schuld der deutschen Machthaber hinter dem Bild des allgemeinen Ruins verschwinden oder auch nur kleiner werden zu lassen. Den Holocaust an den Unschuldigen vieler Völker haben Deutsche begangen – darüber brauchen wir heute wohl nicht noch einmal zu diskutieren. Die Deutschen wissen auch heute noch sehr wohl – heute vielleicht sogar deutlicher als vor 50 Jahren –, daß ihre damalige Regierung und viele ihrer Väter es gewesen waren, die für den Holocaust verantwortlich waren und Verderben über die Völker Europas gebracht hatten, und die meisten von ihnen leiden noch heute darunter, auch wenn sie ihre eigenen Leiden ebenfalls nicht vergessen haben. Gewiß: Als sich das Ausmaß der Verbrechen Hitler-Deutschlands herausstellte, da fehlte es auch nicht an Versuchen der Aufrechnung, nicht an Kollektivausreden und nicht an Versuchen zu kollektiver Beschönigung. Aber das Grundgefühl war doch, je länger, desto klarer, die Kollektivscham, wie es Theodor Heuss so treffend genannt hat. Und Ernst Wiechert, ein deutscher Dichter, der selbst im KZ gesessen hatte und der damals das Empfinden unendlich vieler traf, wußte auch das Gefühl auszudrücken, das vielen Deutschen ihre Zukunft zu weisen schien. Er sagte es in der Form eines Gebetes:

> Und gib, daß ohne Bitterkeit
> wir tragen unser Bettlerkleid
> und Deinem Wort uns fügen …

Aber davon will ich heute nicht in erster Linie reden. Über die Vorgeschichte des 8. Mai 1945 habe ich in den letzten Monaten oft gesprochen: in Warschau, in Jerusalem und noch vor wenigen Tagen in Bergen-Belsen zu den Opfern unter den Juden und unter den Völkern, die Deutschland angegriffen hat, und auch in Dresden, wo ich meiner Trauer über die deutschen Opfer Ausdruck gegeben habe. All das gehört zum Gedenken an den 8. Mai, zum Erinnern und zum ehrlichen, rückhaltlosen Umgang mit der Geschichte. Aber heute muß auch von dem gesprochen werden, was auf das Ende des Krieges folgte.

Denn die Zukunft gestaltete sich anders, als es die meisten am 8. Mai 1945 erwarteten, auch anders, als es dem soeben zitierten Dichterwort eigentlich entsprochen hätte. Sie alle, die Sie hier versammelt sind, haben es miterlebt, und nicht wenige von Ihnen haben daran an führender Stelle mitgewirkt.

Über die Ruinen, die Gräber und die Lager hinweg sind uns Deutschen Hände der Mitmenschlichkeit gereicht worden – einzelne zunächst, trotz des Verbots der Fraternisation. Über den Ozean kam die erste humanitäre Hilfe, die nicht nach »schuldig« oder »nichtschuldig« fragte; noch heute können viele von uns das Wort CARE nicht hören, ohne tief bewegt zu sein. Der Marshallplan, eine der größten politischen wie humanitären Taten der Menschheitsgeschichte, auf ganz Europa berechnet, hat auch Deutschland nicht ausgeschlossen. Die Stuttgarter Rede des amerikanischen Außenministers James Byrnes ist ebensowenig vergessen wie die großen Reden Winston Churchills von Fulton und Zürich.

Damals wurden neue Grundlagen für das Zusammenleben der europäischen Völker gelegt, Grundlagen, die weit in die Zukunft wiesen, die auch dem deutschen Volk wieder Perspektiven gaben und die ihm vor allem etwas abverlangten – und das ist im Leben der Völker stets das erste gewesen, wenn es darum ging, ihnen Verantwortung zu übertragen.

Wir wissen, daß sich in dieser Beziehung manches zögerlicher entwickelt hätte, wenn es nicht zum Kalten Krieg mit dem Stalinismus, wenn es nicht zum Eisernen Vorhang, nicht zur Blockade Berlins und nicht zum Koreakrieg gekommen wäre. Aber die Grundlagen waren nunmehr gelegt. Sie hätten auch dann ihre Frucht getragen, wenn der Menschheit das neue Unglück erspart geblieben wäre. Von Churchills Reden bis zur Gründung der europäischen Montanunion gingen lediglich sechs Jahre ins Land, vom Ende der Berlin-Blockade bis zu den Römischen Verträgen nur acht Jahre, und bis zur demokratischen Lösung der Saar-Frage dauerte es nicht länger. Wir Deutschen haben das alles nicht vergessen – wenn ich auch die Frage stellen muß, ob wir nicht etwas zu selten davon reden.

Ich kann all die großen Staatsmänner nicht einzeln nennen, die der Bundesrepublik Deutschland den Weg in die Westintegration geebnet haben, die Westintegration, die noch heute – und unverbrüchlich in alle Zukunft – zur Grundlage unserer gesamten Politik geworden ist. Die Zahl der Hände, die sich uns aus dem Westen, vor allem unseren Nachbarländern, darboten, wurde immer größer. Aus Israel kamen die ersten zeichenhaften Gesten; ich nenne nur David Ben Gurion. Und mit dem Ende des Stalinismus in der Sowjetunion wurde auch dorthin das Gespräch möglich, zaghaft zwar und immer wieder durch Phasen des Schweigens unterbrochen, aber doch so, daß die Fäden nie wieder ganz abrissen.

Das alles waren nicht nur Gesten von Politikern, sondern auch die Völker fanden allmählich wieder zusammen. Aus Haß und Mißtrauen, aus tiefer, berechtigter Verbitterung wurden erste, zaghafte Gesprächskontakte, aus diesen Kontakten wurden Besuche, aus Besuchen erwuchs gegenseitiges Verstehen und aus dem Verstehen wurde allmählich Vertrauen und Freundschaft. Die so oft beschworene Erbfeindschaft zwischen Franzosen und Deutschen verschwand und mit ihr so manche andere Erbfeindschaft, die auf Grund der Geschichte ebensogut hätte Wurzeln schlagen können.

Die Deutschen ihrerseits haben die Chance, die ihnen geboten wurde, auf eine sehr bewußte und verantwortungsvolle Art genutzt. Gewiß: Ihre erste Sorge galt dem Bestreben, aus Hunger und Elend herauszukommen und sich wieder ein Dach über dem Kopf zu schaffen, und daraus ist – ganz allmählich – ein Wiederaufbau geworden, für den später das Wort »Wirtschaftswunder« erfunden wurde. Aber das allein war es nicht.

Im Zuge und im Gefolge des Wiederaufbaus gelang die Integration von Millionen Flüchtlingen und Vertriebenen in ihrer neuen Heimat. Das Kalkül mancher, diese Elendsheere würden sich im Westen als sozialer und politischer Sprengsatz erweisen, ist nicht in Erfüllung gegangen. Und mehr als das: Schon im August 1950 haben sich die Heimatvertriebenen in ihrer Charta unverbrüchlich zu Frieden und Gewaltverzicht verpflichtet. 1949 legte die Bundesrepublik Deutschland das Verbot des Angriffskrieges in ihrer Verfassung nieder, 1954 verzichtete sie mit völkerrechtlicher Wirkung auf jegliche nukleare Bewaffnung. Und als sich im Gefolge des Koreakrieges die Wiederbewaffnung als unvermeidbar erwies, da gab es von vornherein keinen Zweifel, daß die neu entstehenden Streitkräfte unter internationaler Führung stehen würden.

Es ist schon richtig, daß Deutschland in allen diesen Fragen auch dem Wunsch der damaligen Schutzmächte folgte. Ebenso richtig ist es aber auch, daß die Überzeugungen und der politische Wille seiner führenden Politiker aufgrund eigener Einsicht mit diesen Wünschen übereinstimmten. Deutschland wurde reif, sich in die Gemeinschaft friedlicher Völker nicht nur gedrängt zu fühlen, sondern sich ihr aus voller eigener Überzeugung anzuschließen.

Und was für seine internationale Politik galt, das läßt sich ebenso von seinen inneren Überzeugungen sagen. Es soll niemand behaupten, daß die Deutschen im Frühjahr 1945 von einer Stunde zur anderen glühende Anhänger von Rechtsstaat und Demokratie geworden wären. Natürlich hatten viele überlebt, die diese Überzeugungen schon vor 1933 verfochten hatten, natürlich hatten sich viele andere unter dem Eindruck des NS-Regimes und seiner Taten stillschweigend dazu bekehrt. Ebenso ist es aber richtig, daß der Aufbau von Demokratie und Rechtsstaat ohne die starke Hand der Besatzungsmächte nicht so vor sich gegangen wäre, wie wir es erlebt haben.

Doch das andere ist eben auch wahr: Daß die Deutschen in dieser Frage bereitwillige Schüler wurden, daß sie den Geist der westlichen Demokratie, der Gewaltenbeschränkung und vor allem der Menschenrechte in sich aufnahmen, daß die allermeisten von ihnen treue und überzeugte Anhänger der Demokratie geworden sind. Dieses Deutschland ist anders geworden, als es zu Zeiten des Kaiserreiches und der Weimarer Republik und erst recht unter dem Nationalsozialismus gewesen war. Es hat in dieser Frage keine deutsche Revolution gegeben, aber ein fundamentales Umdenken. Totalitäre, ja auch nur autoritäre Ideen haben heute bei der erdrückenden Mehrheit der Deutschen keine Chance, und seit sich die Deutschen in den östlichen Ländern von ihrer kommunistischen Diktatur in einer unblutigen Revolution selbst befreit haben, hat sich das noch entscheidend vertieft. Wer meine Rede bisher gehört hat, mag vielleicht den Eindruck gewonnen haben, als spräche ich nur von der Nachkriegsgeschichte Westdeutschlands, und bis zu einem bestimmten Grade läßt sich das ja auch gar nicht vermeiden. Aber man hat in Westdeutschland doch immer gewußt, daß im Osten unendlich viele Menschen nicht anders dachten. Der Volksaufstand vom 17. Juni 1953, der Widerstand zahlloser Sozialdemokraten gegen die Zwangseingliederung in die SED, die Arbeit der Menschenrechtsgruppen innerhalb und außerhalb der Kirchen, die Leiden der Opfer von Bautzen – um nur diese wenigen Beispiele zu nennen – legen Zeugnis dafür ab. Und sie haben Früchte getragen. Heute steht die deutsche Demokratie auf zwei gleich starken Beinen: auf der geduldigen Aufbauarbeit und der Lernfähigkeit der Westdeutschen seit 1948 und auf der ostdeutschen Revolution von 1989. Ich wüßte keine bessere Grundlage für die Zukunft.

So ist Deutschland im Laufe der Jahre ein verläßlicher und vor allem friedlicher Partner der Welt geworden, einer Welt, die selbst auch viel Neues dazugelernt hat und die – vor allem in Europa – neue, in die Zukunft weisende Ideen entwickelt hat.

Die Westeuropäer haben in diesen mehr als 40 Jahren gelernt, daß Interessengegensätze zwischen ihnen zwar fortbestehen mögen, daß aber keiner von ihnen es wert ist, mit militärischen Mitteln ausgetragen zu werden. Sie haben gelernt, daß man über Grenzen zwar streiten kann, daß es aber klüger ist, sie niedriger und immer niedriger zu machen, als sie gewaltsam zu verschieben. Sie haben gelernt, daß freier Handel nützlicher ist als die ausgeklügeltsten Zollschranken, daß man in Nationen weiterleben kann, ohne deshalb den Nationalstaat des 19. Jahrhunderts zu verewigen, daß Kooperation klüger ist als das Beharren auf Souveränitätsideen vergangener Generationen.

Ich will wahrhaftig nicht behaupten, daß Westeuropa auf diesem Wege zu einer Insel der Seligen geworden sei. Dazu sind die Sorgen zu groß, die uns auch hier bedrängen – Arbeitslosigkeit, Wanderungs- und Technologiefragen, Umweltprobleme. Aber eine Insel des Friedens, der Freiheit und des Wohlstandes ist Westeuropa in diesen Jahrzehnten eben doch geworden, und viele Völker auf der ganzen Welt beneiden uns darum. Wir sollten dafür dankbar sein.

Es ist – zumal in Deutschland – in den vergangenen Wochen leidenschaftlich darüber gestritten worden, ob der 8. Mai 1945 für die Deutschen ein Tag der Niederlage oder ein Tag der Befreiung gewesen sei. Diese Frage ist schon deshalb nicht sehr fruchtbar, weil sie den verschiedenen Erfahrungen verschiedener Menschen nicht ausreichend Raum gibt und das, obwohl meine Vorgänger Theodor Heuss und Richard von Weizsäcker dazu schon Richtungweisendes, ja Abschließendes gesagt haben. Als Angehöriger einer jüngeren Generation, die den 8. Mai 1945 entweder überhaupt nicht bewußt oder – wie ich – jedenfalls nur im Kindesalter erlebt hat, möchte ich aber sagen, daß ich ihn – wenn auch nachträglich – vor allem als einen Tag begreife, an dem ein Tor in die Zukunft aufgestoßen wurde. Nach ungeheuren Opfern und unter ungeheuren Opfern. Aber doch ein Tor in die Zukunft.

Die dieses Tor – in allen Völkern – aufgestoßen haben und von deren Opfern, deren Mühen und deren Weisheit wir heute profitieren, sind zum Teil längst dahingegangen, zum Teil leben sie als alte Leute unter uns. Ich will sie nicht noch einmal alle aufzählen: die Überlebenden der KZs, die die Kraft zum Verzeihen gefunden haben, die Soldaten, die sich über die Gräber hinweg die Hände gereicht haben, und vor allem die Millionen, die in allen Ländern Europas schweigend und beharrlich an den Wiederaufbau gegangen sind und ihn geschafft haben. Alle, die danach kamen, stehen eigentlich nur auf ihren Schultern. In einer Gesellschaft, in der so viel auf die Jugend geachtet wird und die alte Menschen fast nur noch als Rentenempfänger begreift, soll heute auch das einmal in allem Ernst gesagt werden. Und ich meine wieder nicht nur die Deutschen. Ich meine die Menschen aller Völker, die an diesem Werk des materiellen und des moralischen Wiederaufbaus beteiligt waren. Mein Dank, der Dank des deutschen Volkes gilt ihnen allen.

Ein besonderes Wort möchte ich im Gedanken an die Menschen im östlichen Teil Mitteleuropas und in Osteuropa sagen. Mehr als die anderen haben sie unter dem Zweiten Weltkrieg und den Taten des nationalsozialistischen Deutschlands gelitten. Länger als die Westeuropäer und die Westdeutschen, ja selbst als die Ostdeutschen leiden sie unter den politischen Verschiebungen, die der Krieg im Gefolge hatte. Bis heute sind die Narben nicht verheilt. Wir sind ihnen noch viel schuldig.

Wenn es richtig ist, daß Westeuropa seit 1945 zu einer Insel des Friedens, der Freiheit und des Wohlstandes geworden ist, so ist es auch seine Pflicht, anderen dabei zu helfen, daß sie in den Genuß vergleichbarer Entwicklungen gelangen. Trotz des 8. Mai 1945 leben wir in einer Welt, in der Krieg und Gewalt, Hunger und Not immer noch ihre Rolle spielen. Wir werden schon alle Hände voll damit zu tun haben, die Insel, auf der zu leben uns vergönnt ist, zu sichern und zu bewahren. Aber es ist auch unsere Pflicht und Schuldigkeit, sie mit allen Kräften zu erweitern. Die Insel muß größer werden,

Stück für Stück und Land für Land. Nur wenn unsere Generation, wenn wir Europäer das schaffen, sind wir dessen würdig, was uns nach dem 8. Mai 1945 geschenkt wurde und was unsere Väter in einem Meer von Trümmern und über Strömen von Blut geschaffen haben.

Es ist nicht das Recht des deutschen Bundespräsidenten, in dieser Richtung politische Programme zu fordern oder gar selbst zu entwerfen; das will ich hier auch gar nicht versuchen. Aber die fünf Jahrzehnte, die wir nun in Frieden, Freiheit und Wohlstand gelebt haben, verpflichten uns mehr als alle anderen. Ich wiederhole es bewußt: Die Insel muß größer werden. Es ist an uns, dafür zu kämpfen und zu arbeiten. Von einer solchen Politik braucht sich auch niemand bedroht zu fühlen. Frieden, Freiheit und Wohlstand haben in der Geschichte der Menschheit noch keinen bedroht oder gar gefährdet.

Es ist ein Irrtum, Europa primär als einen Begriff der Politik oder gar der Ökonomie zu begreifen. Das, was uns Europäer zunächst einmal eint, ist unsere gemeinsame europäische Kultur. Sie ist das Dach, unter dem wir alle leben. Mehr als einmal haben die Kriege, die wir gegeneinander geführt haben, dieses Dach ins Wanken gebracht, und die Teilung Europas hat das ihrige dazu getan, daß Europa heute zunächst als Wirtschafts- und Sozialgemeinschaft vor uns steht. Aber das kann doch nicht alles sein. Heute haben wir die einmalige Chance, das Dach – den geistigen Überbau Europas – zu festigen und es auf einen soliden Unterbau politischer Einheit und wirtschaftlicher Entwicklung zu stellen.

Ich verwende hier ganz bewußt Begriffe der kommunistischen Ideologie. In der europäischen Kultur und in den Besonderheiten europäischen Denkens haben wir nämlich einen Überbau, der nicht irgendwelchen ökonomischen Verhältnissen folgt, sondern der – genau umgekehrt – Richtlinie und Maßstab des ihm folgenden Unterbaus, der Europäischen Einigung, setzt. Wenn uns das gelingt, ist ein zentrales Stück kommunistischer Ideologie nicht nur praktisch, sondern auch geistig überwunden, ist Europa zu sich selbst zurückgekehrt.

Ich höre bereits die Kritiker, die mir nach dieser Rede vorrechnen werden, ich hätte auf eine Herausforderung mit einer Utopie geantwortet. Natürlich weiß ich auch, wie schwierig es ist, die Erfahrungen Westeuropas auf andere Teile des Kontinents zu übertragen; die Beispiele dafür liegen ja vor unserer Haustür. Aber von einer Utopie kann man nur dann sprechen, wenn die Unmöglichkeit ihrer Verwirklichung feststeht. Wenn sich lediglich Schwierigkeiten abzeichnen, wenn man nur mit Gegenkräften und Rückschlägen zu rechnen hat, wenn der Erfolg also auch von der eigenen Anstrengung abhängt, dann spricht man nicht von einer Utopie, sondern von einer Vision. Solche Visionen braucht der Mensch, wenn er menschenwürdig und verantwortlich leben will, und solche Visionen brauchen auch Völker und Staaten. Die Hoffnung, ja die Entschlossenheit, den Bereich von Frieden, Freiheit und Wohlstand zu erweitern, ist keine Utopie, und sie ist nicht die schlechteste Vision, die Europa sich wählen kann.

Vor 200 Jahren schrieb Immanuel Kant in seiner Schrift »Zum Ewigen Frieden«, daß Demokratien untereinander nicht Krieg führen. Was damals noch als idealistische Utopie erscheinen mochte, ist heute die konkrete Vision einer internationalen Friedensordnung. Die Nachkriegsgeschichte Westeuropas ist dafür der eindrucksvollste Beleg. Das Kriegsende war eine Rückkehr zu den besseren geistigen Traditionen Europas und, wie das Werk Kants zeigt, auch Deutschlands. Es war eine Rückkehr in die Zukunft.

Daß sich Probleme und Hindernisse vor uns türmen, darf uns nicht entmutigen. Daß wir den vollen Erfolg nicht erleben werden, darf uns nicht lähmen. Wir wären der Chance, die der 8. Mai 1945 für uns alle bedeutet, nicht würdig, wenn wir an dieser Vision verzweifeln wollten.